"Nouvelle Génération People"

KRISTEN STEWART

Angela Wilde

KRISTEN STEWART

La biographie non autorisée de Bella de *Twilight*

GREMESE

À ma famille, pour leur soutien patient et irremplaçable.

Angela Wilde est une journaliste free-lance spécialisée depuis plusieurs années dans le monde du spectacle anglo-américain. Elle collabore également avec différentes revues et maisons d'édition.

Titre original : Kristen Stewart – La biografia non autorizzata della Bella di Twilight

Traduction de l'italien : Françoise Ghin

Crédits photographiques : Rex Features (couverture et p. 1, 2, 3 en bas, 4, 5 en bas, 6 en haut, et 8 du cahier central) ; Centro Studi Cinematografici (p. 3 en haut et 5 en haut du cahier central) ; Eagle Pictures (p. 6 en bas du cahier central).

Imprimé par : Arti Grafiche Picene – Pomezia

ISBN 978-88-7301-705-9

Sommaire

Introduction

Avec l'interprétation de Bella Swan, douce et courageuse adolescente partagée entre la sensualité du vampire Edward Cullen et le charme du lycanthrope Jacob Black dans la saga Twilight, *Kristen Stewart a conquis le cœur de millions de jeunes dans le monde entier.*
Vous, les filles, vous vous êtes identifiées à elle avec sa merveilleuse, bien que compliquée, histoire d'amour, à ses problèmes et ses tourments. Vous avez rêvé avec elle et vécu ensemble des émotions et des aventures inoubliables. Quand elle a dû choisir entre Robert Pattinson et Taylor Lautner vous l'avez sûrement beaucoup enviée !
Vous, les garçons, vous avez été captivés par sa beauté et sa grâce, par sa simplicité et par l'atmosphère enchantée qu'elle a réussi à créer avec ses partenaires à l'écran.

C'est cette capacité à être aimée de la même façon aussi bien par le public masculin que féminin qui a fait d'elle en peu de temps une star internationale dont la réputation ne pourra qu'être confirmée par Twilight Chapitre 3 : Hésitation, *le troisième film tiré des romans de Stephenie Meyer dont nous dévoilerons sous peu les coulisses et quelques curiosités.*

Ce que l'on ne sait pas forcément c'est qu'avant de décrocher le rôle de Bella, Kristen a été une actrice prodige qui avait déjà beaucoup travaillé, malgré son jeune âge, avec les plus grands noms d'Hollywood, de Jodie Foster à Sean Penn et Robert De Niro. Vous ne connaissez peut-être pas les moments importants de sa vie et de sa carrière, ses passions et ses aspirations ou bien ses projets. Comment est-elle devenue la protagoniste de Twilight *? A-t-elle des traits communs avec son personnage ? Est-elle réellement la petite amie de Robert ? Dans quel film pourrons-nous la revoir ? Vous trouverez des réponses à toutes ces questions – et à bien d'autres encore – dans les pages de ce livre.*

Bonne lecture !

Chapitre un

Un talent précoce

« Je pense que si j'avais commencé maintenant ou il y a deux ans, de toute façon après mes 14 ans, ou bien si j'avais attendu encore deux ans, je serais maintenant à bout de nerfs. »
– Kristen Stewart

Kristen Jaymes Stewart est née à Los Angeles le 9 avril 1990. Son père, John Stewart, directeur artistique et producteur de télévision, a travaillé pour des grandes compagnies comme la Fox et sa mère, Jules Mann-Stewart, d'origine australienne, est superviseur de script. Kristen a vécu dans le Colorado où ses parents et son frère aîné, Cameron, se sont installés pendant quelques années avant de revenir en Californie.

Issue d'un milieu où le monde du cinéma et de la télévision lui était familiers, Kristen n'a pas échappé à son attrait dès son plus jeune âge. À 8 ans, lors d'un spectacle de Noël à l'école, un agent la remarque et contacte ses parents. John et Jules sont au début prudents mais vu la curiosité de leur fille, ils lui permettent toutefois de se présenter à un casting. Il faudra attendre un an avant que Kristen n'obtienne son premier rôle de figurante – une petite fille qui à l'école fait la queue pour boire – dans un film de Disney pour la télévision, *The Thirteenth Year*, et un petit rôle – une fillette qui lance des anneaux dans *Les Pierrafeu à Rock Vegas*. Voici ce qu'elle dit de cette période de sa vie : « Ça n'en finissait pas et à la fin j'étais fatiguée. Mais le dernier essai que j'ai fait fut le bon. Je ne voulais même pas me présenter, mais ma mère m'a dit : “Fais-le, un point c'est tout”. »

En 2001, elle commence à tourner sérieusement dans *The Safety of Objects*, un film indépendant, tiré du roman homonyme d'A. M. Homes, mis en scène par Rose Troche, où Kristen interprète Sam Jennings, la fille légèrement garçon manqué d'une mère anxieuse (l'actrice Patricia Clarkson). Elle travaille pour la première fois avec un des monstres sacrés du cinéma, Glenn Close, qui joue Esther Gold, une mère qui se consacre totalement à son fils dans le coma (Joshua Jackson). Une grande partie de la critique accueille très favorablement ce film dont les acteurs dans leur ensemble sont jugés excellents. Le site *Filmdeculte* souligne, par exemple, que « le film de Rose Troche a pour lui un cast motivé mené par Glenn Glose, qu'on n'a pas vu aussi forte depuis une petite décennie ».

Mais le véritable tournant a lieu en 2002 quand Kristen est appelée pour remplacer l'actrice Hayden Panettiere dans le thriller de David Fincher *Panic Room*. Elle y joue le rôle de Sarah Altman, une jeune diabétique qui vit avec sa mère tout juste divorcée dans un appartement dont une pièce est équipée comme un bunker où l'on peut se réfugier en cas d'intrusion de malfrats. C'est là que les deux femmes se cachent quand trois voleurs armés font irruption dans l'appartement. La protagoniste du film est une star à laquelle Kristen sera souvent comparée pour leur ressemblance physique, leur talent et leur tempérament : Jodie Foster, qui remplaçait dans le film Nicole Kidman.

Très grand succès aux États-Unis et dans le monde, *Panic Room* reçoit une critique favorable et Kristen, à 12 ans seulement, commence à être remarquée par le public et par la critique ; elle obtient d'ailleurs une nomination comme meilleure actrice débutante aux Young Artist Awards, prix remis aux États-Unis par la Young Artist Foundation aux jeunes gens prometteurs qui souhaitent se lancer dans une carrière au cinéma ou à la télévision. « Quand on m'a choisie pour *Panic Room*, j'ai pensé : “Mon dieu, c'est plus que génial !” Je tournais comme une folle au début », a-t-elle déclaré. À propos du tournage, elle a affirmé que « porter un pyjama pendant quatre mois, c'est bizarre mais si confortable ». « Kristen ne se limite pas à afficher ses émotions, c'est ce qui rend intelligente et intéressante son interprétation », tel est le jugement de Jodie Foster, rapporté par le *New York Times,* sa fille à l'écran, pour qui elle représente d'ailleurs un véritable modèle car « ce n'est pas seulement une actrice, mais aussi une réalisatrice, une productrice et un auteur. Elle a conquis le monde du spectacle. On ne la voit pas souvent dans la presse. Elle est respectée en tant que grande professionnelle. Vraiment grandiose. »

La carrière de Kristen se poursuit avec, en 2003, un autre thriller, *La Gorge du Diable,* où elle joue le rôle de Kristen Tilson (curieusement, son personnage porte le même prénom qu'elle), une jeune fille qui s'installe avec ses parents, Cooper et Leah (interprétés par Dennis Quaid et Sharon Stone) dans une vieille maison de campagne qui recèle de nombreux secrets. Le film reçoit un accueil tiède de la part du public et de la critique, mais Kristen reçoit sa deuxième nomination aux Young Artist Awards, comme meilleure jeune actrice non protagoniste.

Ainsi, en 2004, à 14 ans, Kristen a déjà une certaine expérience cinématographique. Le fait d'avoir débuté très jeune sa carrière d'actrice lui a permis, entre autres, de connaître les côtés positifs et négatifs du métier (« Je pense que si j'avais commencé maintenant ou il y a deux ans, de toute façon après mes 14 ans, ou bien si j'avais attendu encore deux ans, je serais maintenant à bout de nerfs » a-t-elle déclaré récemment). Elle a prouvé que désormais elle était prête pour des rôles plus conséquents qui d'ailleurs ne se font pas attendre. Elle interprète, la même année, les rôles principaux du film dramatique *Speak*, de la comédie *Les Petits Braqueurs* et du thriller *L'Autre Rive* présenté au Festival du Film de Turin (Torino Film Festival) et qui lui vaut une nouvelle nomination aux Young Artist Awards.

Dans *Speak*, tiré du best-seller de Laurie Halse Anderson et présenté au prestigieux Sundance Film Festival, Kristen interprète Melinda Sordino, une adolescente qui, l'été précédant son entrée au lycée, est violée par un camarade au cours d'une fête. Elle appelle la police mais ne parvient pas à raconter ce qui lui est arrivé. Elle est alors reléguée par tout le monde et commence à avoir des difficultés à parler. Ce n'est qu'avec l'aide d'un professeur d'art qu'elle réussira à se libérer de son terrible secret.

La réalisatrice, Jessica Sharzer, réussit à tirer de Kristen une interprétation intense et adulte qui va droit au cœur. *Efilmcritic.com* rapporte le jugement qui résume bien l'opinion de la critique et du public qui ont pu voir le film grâce à sa distribution en DVD : « Dans le rôle de Melinda, Kristen ne brille pas, elle resplendit. Ne pouvant s'exprimer avec des mots, la jeune star de *Panic Room* et de *La Gorge du Diable* va au-delà, par son interprétation impeccable, de ce que pourrait faire une actrice de son âge. »

Speak est un moment fondamental dans la vie privée de Kristen car, sur le tournage, elle fait la connaissance de celui qui va devenir son petit ami, Michael Angarano, un jeune homme de 16 ans qui interprète Dave Petrakis, l'ami et le camarade de classe de Melinda. « Je n'aurais jamais pensé fréquenter un acteur, mais c'est mon meilleur ami. Je le connais depuis que j'ai 13 ans », déclara Kristen, en 2008, à *BlackBook Magazine*.

Comme nous le verrons par la suite, sa relation avec Michael, devenu célèbre grâce à la sitcom *Will & Grace* où il joue le rôle du fils de Jack, vacillera en 2009, à cause de Robert Pattinson, si l'on en croit certaines rumeurs insistantes. On parlera dans les chaumières de ce triangle amoureux qui rappellera à de nombreux fans celui de *Twilight*.

Chapitre deux

À la conquête d'Hollywood

« Kristen est une force de la nature dotée d'un formidable instinct. » – Sean Penn

En 2005, Kristen interprète deux nouveaux films bien différents l'un de l'autre, le film dramatique *Fierce People* de Griffin Dunne aux côtés de Donald Sutherland et *Zathura – Une aventure spatiale* de Jon Favreau, inspiré du roman fantastique pour enfants *Zathura* de Chris van Allsburg, l'auteur de *Jumanji* et de *Polar Express.*

Dans le premier film, elle joue le rôle de Maya, une jeune fille amoureuse de Finn (l'acteur Anton Yelchin), fils de la protagoniste Liz Earl interprétée par Diane Lane. « C'est mon premier rôle romantique. C'était fantastique parce que leur relation est vraiment innocente, pleine de fraîcheur et de douceur. Rien de bizarre ou d'embarrassant », a déclaré Kristen à Jon Favreau dans une interview à *Interview Magazine.*

Dans *Zathura*, elle interprète le rôle de Lisa qui, avec ses frères, Danny et Walter, doit arriver à la fin d'un jeu qui les a catapultés dans le cosmos, avant de pouvoir revenir sur terre.

Après une pause en 2006, Kristen tourne cinq films l'année suivante : *In the Land of Women*, *Les Messagers*, *The Cake Eaters*, *Into the Wild* et *Cutlass*.

Dans *In the Land of Women* de Jon Kasdan, elle interprète Lucy Hardwicke, aux côtés d'Adam Brody et de Meg Ryan, sa mère. Elle a dit de son personnage : « C'est génial d'interpréter le rôle d'une fille avec laquelle je peux me confronter sur tous les plans. Son histoire est celle d'une marche triomphale vers l'âge adulte. »

Avec le personnage de Jess Solomon dans *Les Messagers* des frères Pang, elle fait à nouveau une incursion dans le genre policier et horreur à la fois. « Ce sont d'abord les réalisateurs qui m'ont attirée. J'étais vraiment impatiente de travailler avec Danny et Oxide Pang dont j'ai aimé *The Eye*. Divin. Ça fait froid dans le dos et je suis restée clouée sur place. Voilà pourquoi je voulais travailler avec eux. »

The Cake Eaters est le premier film, en tant que réalisatrice, de l'actrice américaine Mary Stuart Masterson. Kristen y joue le rôle de Georgia, une jeune fille qui, comme elle l'a raconté « souffre d'une maladie appelée ataxie de Friedreich, qui consiste en une détérioration totale du contrôle musculaire, donc très débilitante. Il y a de nombreux épisodes [dans le film] ; moi, j'y interprète un personnage qui va finir dans un fauteuil roulant et qui combat pour vivre un dernier moment d'indépendance par rapport à sa mère. Elle veut faire quelque chose toute seule avant de mourir, alors elle choisit un garçon. C'est une belle histoire, positive et victorieuse pour elle. Je l'adore. » Elle a ajouté : « Mary Stuart a fait un travail phénoménal. Je l'aime beaucoup. Elle est merveilleuse. » Le *New York Times* a souligné que « son interprétation dure et forte évite tout sentimentalisme au point que le personnage n'est même pas particulièrement sympathique. Mais alors qu'elle pense à chercher ce qu'elle veut, coûte que coûte, on l'encourage constamment. »

Dans *Into the Wild*, de Sean Penn, Kristen a un petit rôle qui marque toutefois profondément sa carrière. Elle est Tracy Tatro, une chanteuse qui perd la tête pour le protagoniste interprété par Emile Hirsch.

Les critiques ont été très positives. Le *Chicago Tribune*, par exemple, remarque qu'elle a « réussi à se démarquer malgré un tout petit rôle ». Sean Penn lui-même lui fait des éloges : « C'est une machine de la vérité, facile à diriger. C'est une force de la nature dotée d'un formidable instinct. »

Après avoir passé un casting pour le film, Kristen a raconté à *Interview Magazine* : « Mon agent m'a appelée il y a une semaine pour me dire de me rendre à une lecture improvisée. J'ai eu hier ma première rencontre [avec Sean

Penn]. On s'est retrouvés avec David Spade et Emile Hirsch. Fantastique. Sean est vraiment génial. »

Basé sur le roman de Jon Krakauer, *Into the Wild* raconte la véritable histoire de Christopher McCandless, un jeune homme issue d'une famille aisée de Virginie-Occidentale qui, juste après l'université, abandonne tout pour entreprendre un voyage de deux ans à travers les États-Unis jusqu'en Alaska.

Présenté, entre autres, au Festival international du film de Rome, le film reçoit le prix Fastweb pour la section « Première » et Kristen est nominée pour la quatrième fois aux Young Artist Awards ; désormais, les médias s'intéressent à elle au niveau mondial. D'autre part, comme dit le protagoniste de *Into the Wild* : « Si tu veux quelque chose dans la vie, allonge le bras et prends-le. »

Toujours en 2007, Kristen participe au court-métrage *Cutlass* de l'actrice Kate Hudson où elle interprète le rôle principal de Robin jeune ; elle joue aux côtés de Dakota Fanning qu'elle retrouvera dans *Fascination* et dans *The Runaways*.

En 2008, elle joue le rôle de Martine dans le film d'Udayan Prasad, *The Yellow Handkerchief* avec William Hurt et Maria Bello.

Mais c'est également l'année de *Panique à Hollywood*, inspiré du roman d'Art Linson, *What Just Happened ? Bitter Hollywood Tales From the*

Front Line, sous la direction de Barry Levinson. Cette satire au vitriol raconte l'histoire de Ben (interprété par le grand Robert De Niro), un producteur de cinéma qui, en deux semaines, doit résoudre des problèmes professionnels dont dépend sa carrière tout en affrontant son deuxième divorce. Kristen joue le rôle de la fille de Ben, devenue adulte d'un seul coup. Le film réunit des acteurs du calibre de John Turturro, Bruce Willis et, curieusement, Sean Penn.

Présenté au Sundance Film Festival et en clôture du Festival de Cannes en 2008, *Panique à Hollywood* reçoit des jugements non unanimes de la critique. Toutefois, presque tous mettent en avant la bravoure des interprètes. Par exemple, *Elle.it* affirme que « toujours à l'aise dans le genre de la comédie, Levinson réussit à faire du méta-cinéma ; mais s'il est soutenu par certains des plus grands talents du cinéma américain… alors le divertissement est assuré ! »

La même année, Kristen fait une petite apparition à la fin du film de science-fiction de Doug Liman *Jumper*, avec Hayden Christensen.

Sur le tournage de la comédie, *Adventureland – Un job d'été à éviter*, de Greg Mottola, sorti en 2009, Kristen reçoit la visite d'un réalisateur qui s'apprête à tourner un film racontant une histoire d'amour entre une adolescente et un vampire. Catherine Hardwicke – c'est son nom – l'a remarquée dans *Into the Wild* (« sa faculté d'unir l'innocence et le désir m'a laissée sans voix » déclarera-t-elle par la suite) et voudrait qu'elle fasse un essai. On commence à entrevoir les lueurs du *crépuscule*.

Chapitre trois

Kristen devient Bella

« Je ne m'attendais pas à ce que la fille qui allait interpréter Bella soit comme elle. Quand je ne jouais pas, la voir interpréter son rôle avec un tel professionnalisme m'impressionnait. »
– Robert Pattinson

Kristen n'aurait jamais pu imaginer que le casting qu'elle faisait avec Catherine Hardwicke allait transformer sa carrière d'actrice et même sa vie. La réalisatrice fut littéralement conquise par cette jeune fille déjà si talentueuse et expressive. Elle déclara à *Entertainment Weekly* : « Elle avait tourné toute la nuit précédente [*Adventureland*] mais elle a réussi à apprendre toutes les répliques immédiatement. Elle a dansé sur le lit et couru après les pigeons dans le parc. J'étais fascinée. »

Le film auquel travaillait Hardwicke s'intitulait *Twilight Chapitre 1 : Fascination*, tiré du premier livre de la saga homonyme de Stephenie Meyer, paru aux États-Unis en 2005 (la même année en France). Le roman a eu un succès international extraordinaire (traduit en trente-huit langues), donnant naissance à un véritable phénomène qui comptait désormais des millions de fidèles passionnés. L'intrigue est racontée du point de vue de la protagoniste féminine, Isabella (Bella) Swan, une jeune fille de 17 ans qui part de chez sa mère qui habitait à Phoenix (Arizona) pour s'installer à Forks, une petite ville pluvieuse dans l'État de Washington, chez Charlie, son père. Au lycée, elle fait la connaissance d'un mystérieux et beau garçon, Edward Cullen, qui s'avérera être un vampire avec qui elle va vivre une histoire d'amour aussi extraordinaire que grandiose.

Tous les fans de la saga attendaient avec impatience la version cinématographique de *Fascination*, qui en réalité avait connu des débuts difficiles. Dès 2004 (donc avant la publication du roman), Paramount avait pensé tirer un script à partir du texte et le confier à MTV Films. Mais il ne reflétait en rien l'œuvre de Meyer, présentant Bella, par exemple, comme une athlète et prévoyant des scènes à la *Drôles de Dames*. « Si on l'avait fait sortir sous un autre titre, personne ne se serait aperçu qu'il s'agissait de *Fascination* » déclara la romancière.

Le projet resta donc en attente jusqu'à ce qu'en 2006, Erik Feig, président de Summit Entertainment, le reprenne, assurant à Stephenie Meyer (réservée, à juste titre, au vu l'expérience précédente) que le film serait fidèle au roman.

On choisit comme réalisateur Catherine Hardwicke qui avait déjà travaillé en 2003 pour le grand écran sur les thèmes de l'adolescence avec le film indépendant *Thirteen*. « Quand j'ai lu le livre, il me semblait presque entendre respirer Bella » a-t-elle confié à *Entertainment Weekly*. Catherine travailla au script avec la scénariste, Melissa Rosenberg, en respectant des consignes bien précises imposées par Stephenie Meyer, en premier lieu les personnages devaient être identiques à ceux du roman et les vampires devaient avoir les mêmes capacités et les mêmes limites.

Puis on arriva au casting pour le rôle de Bella et le choix se porta sur Kristen. Lors d'un communiqué de presse, le 16 novembre 2007, Summit Entertainment annonça sa décision : « Nous sommes vraiment enthousiastes de cette histoire extraordinaire à la *Roméo et Juliette* qui a tout le potentiel d'une véritable saga. Tout est, bien sûr, entre les mains de notre Juliette, mais Kristen Stewart possède cette magie qui allie la bravoure à la beauté. Elle est parfaite pour le rôle. »

De son côté, Kristen se trouvait face à un défi : rendre plausible à l'écran un personnage aimé par des millions de lecteurs dans le monde entier. « La seule chose que je pouvais donner à Bella, c'était moi-même, déclara-t-elle. C'est une fille sincère, directe, logique en apparence. Elle est seule mais ce n'est pas une solitaire. » Quand on lui demanda si elle avait lu les romans avant de recevoir le script, elle répondit à *Vanity Fair* : « Non. Je ne les ai pas lus tant que je n'étais pas sûre d'avoir le rôle. Je travaillais alors sur un autre film et je n'avais eu le temps de lire à ce moment-là que le script. Je ne voulais me concentrer sur rien d'autre, mais tous disaient que le projet était grandiose, alors j'ai bien dû lire les livres. »

Kristen allait jouer un rôle important dans le choix de l'acteur qui devait interpréter Edward. Selon les propos de Hardwicke, il fallait trouver « un garçon au physique requis, considéré par tout le monde comme très beau, mais aussi crédible dans le rôle d'un lycéen de 17 ans ».

Après avoir écarté certains noms célèbres à cause de leur âge, de leur physique ou de leur incapacité à communiquer le tourment intérieur d'Edward dû au fait de ne pas être une personne comme les autres, l'attention de la réalisateur s'est tournée vers un jeune acteur anglais, Robert Pattinson, qu'on avait vu en 2005 dans le rôle de Cedric Diggory dans *Harry Potter et la Coupe de feu.* Lors du casting, il a interprété une scène d'amour avec Kristen sur le lit de la réalisatrice qui comprit immédiatement la merveilleuse alchimie qu'il y avait entre les deux adolescents. « C'était de l'électricité pure. Un véritable court-circuit, comme si le ciel s'ouvrait. Alors je me suis dit "ça va être merveilleux". »

Robert a déclaré que la relation qui s'était instaurée immédiatement avec la jeune actrice avait été fondamentale dans sa décision d'accepter le rôle : « Je savais qu'ils faisaient des castings depuis quelque temps et que j'étais un des derniers qu'ils voyaient. Je suis entré tout simplement et le courant est passé avec Kristen. Ça devait dépendre, je crois, du fait que je m'attendais à quelque chose de complètement différent, mais aussi à ce que la fille qui allait jouer le rôle de Bella soit totalement différente. Je pense que c'est là la raison pour laquelle j'ai été sincèrement surpris quand elle a commencé à jouer. » Il a ajouté : « Le casting s'est déroulé de façon tout à fait relax ; Kristen était elle aussi tranquille mais sérieuse à la fois. Je ne m'attendais pas à ce que la fille qui allait interpréter Bella soit comme elle. Quand je ne jouais pas, la voir interpréter son rôle avec un tel professionnalisme m'impressionnait. Elle donnait l'impression que j'étais sérieux moi aussi. »

Kristen, dans une interview à *Vanity Fair* a également dit : « C'est pratiquement moi qui l'ai choisi. On avait fait une journée entière de casting avec beaucoup de candidats, parmi lesquels Robert. Catherine Hardwicke, la réalisatrice, m'a demandé : "Qu'est-ce que tu en penses ? Le choix est assez difficile". Et je lui ai répondu : "Tu plaisantes. Très facile, au contraire. [Le bout d'essai avec lui] ne pouvait pas mieux se passer. Il était presque parfait. »

Toutefois, quand les premières photos de Kristen et de Robert maquillés sortirent, les fans de la saga littéraire ont violemment protesté ; selon eux, les acteurs ne ressemblaient pas suffisamment aux personnages du roman. Les critiques se portaient surtout sur le choix de Pattinson contre lequel une pétition fut signée sur Internet. Mais il l'emporta nettement.

Ses plus féroces détracteurs allaient bientôt changer d'avis et partager l'avis de Stephenie Meyer qui publia deux commentaires sur son site : « Je suis enchantée du choix fait par Summit. Peu d'acteurs sont capables d'être beaux et dangereux à la fois et rares sont ceux qui auraient été susceptibles d'interpréter le rôle d'Edward. Robert Pattinson sera merveilleux. [...] Je suis très contente à l'idée que Kristen Stewart joue le rôle de Bella dans la version cinématographique de *Fascination*, dont la sortie est imminente. Elle est surprenante et a de l'expérience dans des genres divers : action, horreur, comédie, romantique et bien d'autres encore. Étant donné que *Twilight* c'est un peu tout ça mis ensemble, je suis heureuse qu'elle ait une telle expérience derrière elle. »

Chapitre quatre

Un succès international

« Twilight *est la démonstration de ce que l'on savait depuis la sortie de* Titanic. *Si on s'adresse aux jeunes sur un plan émotif, ils seront des millions à répondre.* » – Nina Jacobson

Il a suffi, aux fans les plus tièdes, de voir les premières scènes de *Fascination* pour être enchantés par l'interprétation de Kristen et Robert. Partout où les avant-premières du film ont été présentées, en 2008 par exemple, au Comic Con de San Diego et au Festival international du film de Rome, des foules en extase ont accueilli les acteurs. Les mêmes phénomènes se sont produits lors des premières à Londres et à Los Angeles où environ trois mille personnes ont envahi les rues aux alentours des salles où le film était projeté. Comme l'a remarqué Catherine Hardwicke : « Edward aime Bella et veut la protéger. C'est ce dont rêve chacun d'entre nous. Et puis il y a cette tension sexuelle. Ils ne peuvent pas aller plus loin parce qu'il risquerait de la tuer. C'est très excitant ! Tentation et désir... Nous racontons une grande histoire d'amour qui a pour protagoniste une jeune fille en proie à la passion intense du premier amour pour lequel on est prêt à tout. » Kristen et Robert ont bien su rendre à l'écran la magie de cette relation ; ils ont conquis le cœur des lecteurs qui avaient adoré le roman, mais aussi celui de qui n'a connu cette belle histoire d'amour entre une jeune fille et un vampire qu'au cinéma.

Le film a encaissé plus de soixante-dix millions de dollars trois jours après sa sortie aux États-Unis le 21 novembre 2008, un chiffre incroyable pour un film au budget relativement modeste. Il en a été de même dans tous les pays où il a été distribué.

La presse américaine et internationale a souligné unanimement la capacité de *Fascination* de s'adresser aux jeunes en leur permettant de s'identifier aux acteurs. Par exemple, le quotidien italien *Il Mattino*, entre autres, a mis l'accent sur le fait que « la réalisatrice Catherine Hardwicke, avec l'aide de la scénariste Melissa Rosenberg, a su répondre avec grand professionnalisme au besoin d'identification des fans en extase avec Robert Pattinson et Kristen Stewart, leurs nouvelles idoles, qui incarnent à l'écran le romantisme extrême du style *gothic fantasy* construit très habilement ces derniers mois. Elle a, en outre, souligné en termes tout à fait contemporains la composante érotique du vampirisme (le beau et ténébreux Edward avec ses pouvoirs de super-héros balaie l'iconographie traditionnelle d'un Nosferatu aux canines pointues et à l'aspect repoussant). Elle a rendu plausible et crédible l'histoire d'amour entre Edward et Bella et le rêve éternel et immortel des adolescents d'aujourd'hui qui croient de façon un peu perverse que c'est "possible" uniquement avec un garçon. »

En revanche, *Il Messaggero*, un autre quotidien italien, a insisté aussi sur l'excellent jeu des acteurs : « Kristen Stewart (la nouvelle Jodie Foster) et Robert Pattinson (le nouveau Rupert Everett) sont merveilleux. Eros, thanatos et rock and roll. On peut s'attendre à un véritable "délire de masse". Et ce n'est que la première morsure. »

L'Encyclopédie du Cinéma Fantastique a souligné que *Twilight* est « un film constellé de touches féminines, qui sait parler aux adolescentes et les inciter à s'identifier à cette histoire d'amour trouble, sans pour autant laisser sur le carreau les spectateurs masculins et adultes, pour peu que ces derniers se laissent gagner par le charme d'une révision vampirique du thème de *Roméo et Juliette*. »

Vu le succès de *Twilight*, Hollywood s'est empressé de mettre en chantier de nombreux projets analogues, de l'adaptation de la saga *Le Journal d'un vampire* de Lisa Jane Smith à la série *Hunger Games* de Suzanne Collins. La productrice de cette dernière série, Nina Jacobson, a déclaré à *Entertainment Weekly* : « *Twi-*

light est la démonstration de ce que l'on savait depuis la sortie de *Titanic*. Si on s'adresse aux jeunes sur un plan émotif, ils seront des millions à répondre. »

La petite ville de Forks où se situe l'histoire a vu sa popularité grandir. Elle a été prise d'assaut par les touristes et au cours de l'été 2009, elle s'est transformée pour devenir le monde de la saga pour la manifestation : « Forks: A *Twilight* Symposium ». Zig Gauthier, un producteur californien, est en train de réaliser un programme de télé-réalité sur la vraie vie quotidienne des habitants de Forks qui sera transmise en direct.

Quant à Kristen et Robert, *Fascination* a fait exploser la KStew et RPattz-manie ; elle en a fait des stars internationales qui ont désormais d'excellents projets professionnels au nombre desquels ne pouvait manquer le deuxième épisode de la saga, *Twilight Chapitre 2 : Tentation*.

Chapitre cinq

Sous une nouvelle lune

« J'aimerais bien entrer dans l'esprit de Bella ! Il s'y passe des choses vraiment intéressantes. » – Taylor Lautner

« Que ferais-tu si ta raison de vivre t'abandonnait ? » : cette *tagline* que les fans de Singapour ont vu sur l'affiche de *Tentation* synthétise à la perfection la trame du deuxième roman de la saga de Stephenie Meyer et de sa version cinématographique.

Dans *Tentation*, publié aux États-Unis en septembre 2006 (en France en novembre 2007), la relation entre Bella et Edward entre en crise. Celui-ci est convaincu de représenter pour la jeune fille un danger grave et constant. Il quitte Bella qui sombre dans une dépression profonde ; elle n'en sortira, en partie, que grâce à son ami Jacob Black, qui s'avérera être un lycanthrope. Il tombera amoureux de Bella suscitant ainsi la jalousie d'Edward et devenant son impitoyable rival.

Le film tiré du roman et sorti dans les salles américaines (mais aussi en France) le 18 novembre 2009 a suscité dès le début du tournage une bouffée d'air frais. La réalisation est passée à Chris Weitz, qui avait signé en 2007 *À la croisée des mondes : La Boussole d'or*. Erik Feig, président de Summit Entertainment, a expliqué de cette façon son choix : « Catherine a accompli un travail incroyable en nous aidant à lancer la saga *Twilight*. Nous la remercions de tous ses efforts et souhaitons vivement pouvoir à nouveau collaborer avec elle à de futurs projets. » Il a ensuite ajouté : « En tant que société de production nous devons porter à l'écran le prochain épisode de la série assez rapidement pour le plus grand plaisir des fans d'Edward, de Bella et de tous les autres personnages de Stephenie Meyer. Nous sommes en mesure de le faire en des temps plutôt rapides car nous avons la chance de transformer des romans en scénarios et non en partant de rien. »

Stephenie Meyer a voulu s'exprimer elle aussi à ce propos sur son site : « Tout d'abord, je suis désolée, comme vous, que Catherine ne travaille pas avec nous à *Tentation*. Elle va me manquer, non seulement comme excellente réalisatrice, mais aussi comme amie. Son style si personnel et si original a permis de réaliser des choses surprenantes. Je suis impatiente de voir ses prochains films. De plus, elle ne nous a pas laissé les mains vides. Nous continuons à profiter de ses choix en matière de casting ainsi que du monde merveilleux qu'elle a su créer. Sur de telles bases, nous partons du bon pied pour le nouveau film. Summit continuera avec un autre réalisateur. On a fait appel à Chris Weitz, qui a réalisé *American Pie*, *Pour un garçon* et *À la croisée des mondes : La Boussole d'or*, pour s'unir à nous et c'est avec plaisir que j'annonce qu'il a accepté d'entrer dans le monde de *Twilight*. J'ai eu l'occasion de parler avec lui et je peux vous assurer qu'il est enthousiasmé par l'histoire à laquelle il veut rester le plus fidèle possible. Il tient les fans en grande considération et souhaite que vous continuiez à être heureux. (Les torches et les fourches ne seront pas nécessaires.) Je suis émue à l'idée de travailler avec lui et je pense que sa contribution sera importante parce qu'il a entre autres écrit le scénario et dirigé la réalisation de *Pour un garçon* qui est un de mes films préférés. Je suis impatiente de connaître ses idées pour *Tentation*. »

Catherine Hardwicke a déclaré de son côté : « Je suis désolée, pour des raisons techniques de temps de travail, de ne pas pouvoir réaliser *Tentation*. Réaliser *Fascination* a été une des plus belles expériences de ma vie ; je remercie les fans de leur soutien passionné. Tous mes vœux les plus sincères à Summit pour la suite ; c'est une histoire fantastique. »

Dans une lettre ouverte aux fans, Chris Weitz a écrit entre autres : « Je suis, comme beaucoup d'entre vous, passionné par le travail de Catherine Hardwicke. Je ne peux pas dire grand-chose sur les raisons pour lesquelles elle ne réalisera pas *Tentation* dans la mesure où je n'ai pas été impliqué dans cette décision. Je peux dire que je tenterai de réaliser la version la plus fidèle et la meilleure possible de *Tentation*. Et ceux qui doutent de ma capacité à saisir les sentiments de Bella parce que je suis un homme, je dirai simplement que ces émotions sont universelles et que mon travail m'a souvent porté à collaborer avec les actrices les plus douées au monde. »

Ces doutes ont été balayés dès la sortie du film même de la part de nombreux critiques qui s'étaient plaints de l'absence de Hardwicke et de sa touche féminine. Ainsi, la revue *Rolling Stone* a souligné que « Catherine Hardwicke, qui a dirigé le premier film, a mieux su rendre la candeur du désir de Bella Swan (Kristen Stewart), cette lycéenne partagée entre *deux monstres* ».

Le *Los Angeles Times* a en revanche mis en avant le fait que « à la place de la réalisatrice de *Fascination*, Catherine Hardwicke, qui fait appel aux sentiments, de façon parfois même incontrôlée, et qui donnait l'impression de sentir profondément ses personnages adolescents, *Tentation* sera dirigé par un cinéaste au goût des plus raffinés, Chris Weitz. Un professionnel tranquille qui a adapté *À la croisée des mondes : La Boussole d'or* et *Pour un garçon* ; Chris Weitz fait en sorte que le train des vampires, grâce à l'habile scénario de Melissa Rosenberg, arrive à l'heure mais il semble être presque trop rationnel pour ce genre de projet. »

De nouveaux personnages font leur apparition, en particulier Aro et Jane, respectivement chef et membre des Volturi, une famille royale de vampires puissante et ambiguë qui se nourrit de sang humain. Aro est incarné par le célèbre acteur gallois Michael Sheen, qui interpréta le personnage de Tony Blair dans le film *The Queen* (2006) ; le rôle de Jane a été confié à Dakota Fanning, comme nous l'avons dit précédemment, une jeune actrice que Kristen Stewart avait rencontrée sur le tournage du court métrage *Cutlass* (dans le rôle de Lacy, la fille de Robin, le personnage principal qui avait à deux moments différents le visage de Kristen et celui de Virginia Madsen) et qu'elle retrouvera dans *The Runaways* en 2010.

Les Volturi vivent en Italie, à Volterra, où se déroule la dernière partie du roman et de son adaptation cinématographique. On peut le lire sur le site *Newmoonvolterra.com* que Stephenie Meyer a choisi l'Italie car elle avait besoin d'un lieu à l'histoire séculaire. Elle voulait l'appeler « Volturin » et savait que le lieu devait se trouver en Toscane à une ou deux heures de Florence. Elle avait déjà écrit la scène du voyage depuis l'aéroport et décrit la place, la tour de l'horloge et la salle des Volturi. Elle a ensuite consulté une carte de la Toscane pour savoir si Alice devait se diriger en voiture vers le nord, le sud, l'est ou l'ouest et, à sa grande surprise, elle a trouvé une ville appelée Volterra à environ une heure de Florence. Elle a donc fait une recherche par images et la première qu'elle a vue fut celle de la tour de l'horloge. Elle a alors appelé sa sœur, qui a partagé son point de vue, disant qu'elle aussi avait imaginé « Volturin » comme la véritable Volterra. Stephenie a dès lors abandonné l'idée de créer une ville imaginaire espérant que les habitants de Volterra ne seraient pas trop préoccupés par quelques vampires. Quand, quelques années plus tard, elle a visité la ville, tout le monde était très content de son choix. « Ce qui les a frappés, c'est la fontaine. Ils n'en ont pas, mais je pense que leur place est parfaite même sans. »

En réalité, pour des raisons logistiques, la production a décidé de tourner la scène où Edward se rend en Italie pour y trouver la mort sous les coups des Volturi, à Montepulciano, dans la province de Sienne. Le tournage, en mai 2009, a évidemment attiré des foules de fans auxquels Kristen s'est consacrée, davantage que Robert, en leur concédant des autographes et de chaleureux saluts.

Tout comme Forks aux États-Unis, Volterra et Montepulciano sont devenues en peu de temps les destinations les plus recherchées des Twilighters du monde entier.

Une autre grande nouveauté de *Tentation* est l'importance accordée au personnage de Jacob

Black. Ainsi se forme le célèbre triangle amoureux qui avait été annoncé dans la scène du bal de fin d'année scolaire du premier épisode.

Le personnage se transformant en un lycanthrope à l'aspect imposant, la production avait d'abord pensé à remplacer son interprète, Taylor Lautner, par un acteur au physique correspondant davantage au rôle.

Taylor a suivi un entraînement très dur pour augmenter sa masse musculaire, réussissant à se transformer en Jacob – ce qui, pour la joie de ses fans et de ses collègues de la saga, lui a permis de pouvoir continuer à interpréter son rôle. « Je suis si contente qu'on n'ait pas eu à chercher quelqu'un d'autre. On l'avait déjà ! », a déclaré Kristen à *MTV*. Dans une interview fournie par Summit, elle a ajouté : « Il s'est amélioré plus que quiconque d'autre impliqué dans le film. Sa transformation est impressionnante. Et c'est curieux parce que c'est dans le film qu'il aurait dû subir une transformation et non dans la réalité, comme cela a été le cas. Il fait des progrès constants pour toujours mieux s'intégrer dans le film. Il devient vraiment excellent, et si fort. »

Taylor a, pour sa part, décrit Kristen de cette façon : « Travailler avec elle est merveilleux. Elle a un tel talent que l'avoir tout le temps à mes côtés, c'était génial. Notre rapport est fantastique et nous nous sommes bien amusés au cours du tournage. » Quand le site *IndieLondon* lui a demandé quel autre rôle il aurait aimé interpréter dans la saga, l'acteur a répondu « Est-ce que je peux dire Bella ? J'aimerais bien entrer dans l'esprit de Bella ! Il s'y passe des choses vraiment intéressantes. »

Chapitre six

Entre vampires et lycanthropes

« C'est une fille unique. On en rencontre bien peu des filles comme Kristen. » – Robert Pattison

Quand *IndieLondon* lui a demandé s'il avait été difficile, dans *Tentation*, de maintenir sa relation sentimentale avec Robert, vu qu'ils avaient été séparés pendant longtemps, Kristen a répondu que « pour sentir le manque de quelque chose, il faut l'avoir perdu. Il m'a été plus facile d'interpréter Bella dans *Tentation* parce que j'avais déjà vécu l'expérience de *Fascination*. Je pense que même si *Tentation* n'avait pas été la suite du film précédent, il aurait quand même eu sa raison d'être en soi. Mais j'aurais été incapable de l'interpréter parce que je n'aurais pas su... ce qu'on ressent lorsqu'on est amoureuse d'un vampire et sentir son physique changer littéralement. Cela dépend des descriptions du livre, si elles sont très physiques et sensorielles. Comme le récit est fait à la première personne, on sait toujours ce qu'éprouve [Bella]. Quant au maintien de notre rapport… il est très intense et c'est ce qu'on devait faire. »

Elle a ensuite été invitée à commenter les rumeurs qui circulaient sur une éventuelle relation avec Robert hors caméra. « Tous mes rapports avec les acteurs avec qui j'ai joué ont toujours été intenses et personnels. L'ignorer serait un mensonge. J'ai un rapport de ce genre avec Taylor aussi et tous ceux avec qui j'ai travaillé et qui m'ont apporté quelque chose. C'est un besoin… Le fait d'être ami avec un acteur à l'écran ne signifie pas uniquement flirter avec lui. Ça te permet de le connaître davantage, tu te sens plus à l'aise et tu es alors en mesure de rendre ton interprétation plus authentique. »

C'est en réalité une question que tous les fans de Kristen se sont posés ces derniers mois, suivis en cela par les médias : est-ce que Robert et Kristen sortent ensemble ?

Depuis le concert du groupe rock américain *Kings of Leon* à Vancouver (Canada), en août 2009, ils ont été surpris dans des attitudes de plus en plus tendres et complices, alimentant ainsi la conviction que la vie était en train d'imiter l'art (n'oublions pas qu'à la fin de *Tentation*, Edward demande à Bella de l'épouser).

D'autre part, nous avons déjà souligné la profonde affinité entre Kristen et Robert (ou encore « Robsten », surnom donné par la presse) qui existe depuis le jour où l'acteur a passé son casting (« Ce n'était pas comme si on devait coucher aller au lit ensemble mais nous avons été très réactifs. Notre feeling aisément perceptible a été très ressenti », a déclaré Kristen à la revue *Harper's Bazaar*) et qui a continué depuis à frapper tout leur entourage, au point que *MTV* les a élus le couple le plus « chaud » de l'année 2009.

Ils ont tenté de protéger leur vie privée en déclarant n'être qu'amis, et pour ce employant de très beaux mots : « C'est une fille unique. On en rencontre bien peu des filles comme Kristen. » « [Robert] est quelqu'un de vrai », a-t-elle déclaré à *MTV*. Elle a ajouté : « Je l'ai vu grandir et se sentir plus à l'aise dans le rôle [de célébrité]. Mais, en tant que personne, il n'a jamais changé. »

On raconte aussi que Robert est tombé amoureux de Kristen au premier regard, alors qu'elle fréquentait encore Michael Angarano, avec qui elle est sortie entre 2005 et mai 2009.

Quand les deux acteurs ont été choisis pour jouer dans *Fascination*, Stephenie Meyer a déclaré : « Pour conclure, je voudrais faire quelques commentaires sur Rob et Kristen, qui représentent le cœur du film. Ce sont en premier lieu des acteurs merveilleux. Ils ont su interpréter Edward et Bella mieux que quiconque. Enfin, il faudrait venir au cinéma avec un éventail tant leur affinité à l'écran est susceptible de causer de l'hyperventilation. C'est tout. »

La réalisatrice de *Fascination*, Catherine Hardwicke qui partage l'opinion de la romancière a affirmé sur le blog *Allie Is Wired* qu'« on a pu sentir, dès le moment où ils se sont connus, le magnétisme et la tension sexuelle qu'il y avait entre eux. Une chose essentielle à porter à l'écran. »

Tout comme Stephenie et Catherine, Ashley Green, qui dans la saga joue Alice, adoptée par la famille Cullen, a dit : « Il existe entre eux une incroyable alchimie. »

Ces jours-ci, un article a été publié sur le quotidien anglais *The Sun* selon lequel Robert aurait reconnu sortir avec Kristen. Il l'aurait déclaré durant un dîner après la remise des BAFTA (prix remis par la British Academy of Film and Television Arts, équivalent anglo-saxon des Oscars) à Londres : « C'est très difficile mais effectivement on est ensemble. On ne peut pas arriver ensemble à cause des fans. C'est dingue. Cela aurait dû être l'occasion d'une apparition publique en couple mais c'est impossible. Être ici ensemble à un événement public n'est pas facile. Nous devons nous comporter ainsi pour ne pas attirer l'attention ». Au cours de la cérémonie, Kristen a également reçu l'Orange Rising Star Award comme Actrice la plus prometteuse.

Une chose est sûre : le lien entre Kristen et Robert est désormais plus étroit et s'est renforcé avec le temps car, à leur âge, ils ont dû affronter ensemble une popularité immense. Ils semblent vraiment faits l'un pour l'autre, comme le confirmeront les scènes de passion de *Twilight Chapitre 3 : Hésitation* qui continueront à nous faire rêver avec Bella et Edward.

Le rapport avec Taylor Lautner s'est également consolidé durant le tournage de *Tentation*. Les deux jeunes gens ont dû apprendre à mieux se connaître pour que leur entente à l'écran soit crédible, tout autant que celle de Bella et d'Edward (pour certains, c'est une des raisons pour lesquelles Robert et Kristen ont tenu à ne pas attirer l'attention sur leur rapport).

« Il arrive parfois qu'on se demande : "[Bella et Jacob] deviendront-ils plus qu'amis ?", a dit Taylor. Et il semblerait bien que oui. Ils sont si ouverts qu'ils peuvent tout se raconter. Il a donc été très important que Kristen et moi nous nous rapprochions avant de jouer nos personnages. » L'acteur a ensuite précisé qu'ils n'étaient pas allés s'amuser dans un parc d'attractions, ou dans d'autres endroits de ce genre, mais qu'ils s'étaient fréquentés assidûment en se rendant l'un l'autre chez l'autre ou bien en organisant des dîners. Toujours des activités simples pour passer un peu de temps ensemble.

Comme nous l'avons vu, Kristen a toujours été convaincue que Taylor pouvait interpréter Jacob à la perfection.

Quand *MTV* lui a demandé en quoi le lien qui unissait Bella et le lycanthrope dans *Tentation* était différent de celui qui existe entre Bella et Edward dans *Fascination*, l'actrice a répondu qu'« il s'agissait d'une relation bien différente, tout à fait originale ». Elle a ajouté : « Ils sont plus tranquilles et s'amusent bien ensemble. Edward et Bella [par contre] sont toujours si bizarres, vous ne trouvez pas ? » Elle a conclu ainsi : « Seul [Jacob] peut l'aider à ne pas se fossiliser. Elle est littéralement en train de mourir. Elle va arrêter de manger et ce sera la fin. La seule chose qui la fasse sortir de ce tunnel, c'est la légèreté de Jacob. »

Dans l'attente de voir le triangle amoureux Bella, Edward et Jacob, revivre dans *Hésitation*, les médias continueront à suivre avec le plus grand intérêt la vie sentimentale de Kristen qui, avec Robert et Taylor, passionne des millions de fans non seulement à l'écran, mais aussi dans la réalité.

Chapitre sept

Kristen crée la tendance

« Ça me fait tout drôle de penser que ce que je porte ou la façon dont je me coiffe peuvent concerner ma carrière. »
– Kristen Stewart

Le succès de la saga *Twilight* ne se limite pas au domaine littéraire et cinématographique. La série est en effet devenue une *graphic novel*, à savoir un roman sous forme de bande dessinée en deux parties et publié par la maison d'édition américaine Yen Press.

Le premier volume, dont les dessins ont été réalisés par la coréenne Young Kim, s'intitule *Twilight : The Graphic Novel Vol. 1*. À sa sortie en mars 2010, un tirage « limité » de trois cent cinquante mille exemplaires a été prévu, mais dès l'été 2010 l'ouvrage sera traduit en seize langues. Stephenie Meyer s'est déclarée enthousiaste du résultat obtenu et, à l'occasion du lancement, la revue *Entertainment Weekly* a proposé un numéro contenant un extrait d'une dizaine de pages et une interview exclusive avec l'auteur.

De plus, en vue de la sortie de la version

cinématographique d'*Hésitation*, des portraits de Kristen, Robert et Taylor ont personnalisé, en Italie, les produits Pepsi. Il s'agit de cannettes et de bouteilles en série limitée inspirées du deuxième film de la saga, avec les visages des trois protagonistes. Deux concours ont été lancés pour assister, avec cinquante amis, à la projection du troisième volet de la série et pour gagner la Volvo C30 d'Edward.

Kristen, Robert, Taylor, Jackson Rathbone et Ashley Greene sont devenus des... poupées. NECA, la société qui a produit les gadgets officiels du deuxième film, a en effet réalisé des reproductions de Bella, Edward, Jacob, Jasper et Alice. Et Kristen, Robert et Taylor ont également inspiré les Barbies Twilight de la Mattel.

« Quand je me repose, les gens peuvent me voir de diverses manières. Mais c'est bien différent quand il s'agit de la sphère professionnelle. On est soumis à un examen minutieux. Ça me fait tout drôle de penser que ce que je porte ou la façon dont je me coiffe peuvent concerner ma carrière... Je suis le genre de personne qui a des millions de choses dans son armoire à se mettre. J'ai commencé à travailler avec un styliste pour essayer de bien comprendre ce qui me plaît. Des choses simples, un peu classiques ; j'aime bien Chanel. » C'est ce que Kristen a confessé à la revue *Teen Vogue*.

Et pourtant, au-delà du personnage qui l'a rendue célèbre, elle a lancé en tant qu'actrice et que femme un look et un style qui sont devenus des références pour des millions de jeunes filles dans le monde. On apprécie tout d'abord sa capacité à changer continuellement, de style, de coiffure et de maquillage, simples mais toujours raffinés qui la caractérisent et la font aimer du public masculin. Il suffit de revoir ses principales apparitions en public pour s'en rendre compte. On la voit avec un air de garçon manqué, une frange blonde au carré dans *Panic Room*, des cheveux longs châtains et des vêtements sportifs sur le tournage des films de la série *Twilight*, avec des cheveux bruns et ondulés et le visage d'une pâleur presque vampirique aux *MTV Movie Awards*, ou encore sexy et transgressive sur le tournage de *The Runaways*. Ce qui fait son originalité, c'est sa mine fraîche et légère, avec une coupe et une couleur de cheveux qu'elle change souvent.

Un vêtement qui n'a jamais manqué dans la garde-robe de Kristen, c'est un blouson de cuir noir. Elle l'a mis, par exemple, avec un jeans à la première d'*Adventureland*, au Sundance Film Festival en 2009 mais également avec une robe blanche élégante, à la présentation de *Fascination* à Rome l'année précédente.

Un autre vêtement qu'a lancé Kristen est le « Portrait T-shirt » de Burberry, un T-shirt avec un « portrait à porter » auquel les fans n'ont pu renoncer (y compris les garçons puisque la coupe est assez large).

Une particularité du look de Kristen est l'attention qu'elle porte au maquillage, étudié de manière à mettre en évidence ses superbes yeux verts et son regard. L'effet *smokey eyes*, qu'elle adore et qui joue sur des effets d'ombres et de lumières, est accentué par un rouge à lèvres délicat et des cheveux presque toujours « décoiffés ».

Le *Kristen style* permet ainsi aux filles de le reproduire facilement et de l'adapter aux caractéristiques physiques et aux exigences de chacune, avec la certitude d'être *cool* dans toutes les occasions et à tout moment. Voilà pourquoi l'actrice est désormais considérée, non seulement par ses fans mais aussi par les médias, comme une icône de classe et d'élégance de la mode.

BB Dakota, qui a réalisé la fameuse veste de Bella Swan dans *Fascination*, a produit une ligne de vêtements inspirés de ceux que porte Kristen dans la saga. T-shirts, pantalons et pulls confortables, joggings et blousons : des vêtements que l'actrice a contribué à rendre populaires parmi les jeunes dont elle devrait être le *Testimonial*. La ligne sera lancée aux États-Unis à l'automne 2010 mais la veste de Bella est déjà disponible pour le plus grand plaisir de toutes ses fans.

Chapitre huit

Une idole pour les filles et les garçons

« *Bella possède de nombreuses qualités féminines innées.* »
– Kristen Stewart

Dès ses premières apparitions à l'écran, Kristen s'est distinguée des autres jeunes actrices de sa génération par sa capacité à conquérir le public féminin et masculin.

Il faut tout d'abord souligner que, dans ses films, elle a interprété des personnages auxquelles les adolescents peuvent aisément s'identifier, Bella étant l'exemple le plus éclatant. En effet, elle connaît des difficultés scolaires, elle est timide et maladroite et quand son petit ami la quitte, elle entre dans une profonde dépression. Mais elle est également très déterminée et n'hésite pas à recourir à des moyens extrêmes pour obtenir ce qu'elle veut. Pour cette raison, Kristen considère Bella comme un bon exemple pour les jeunes fans : « Allez jusqu'au bout. Essayez d'obtenir ce que vous voulez. C'est bien cela qu'il faut faire. Bien sûr, il s'agit d'un film qui traite du fait d'être immortel ou non, mais, comme on dit, on ne vit qu'une fois. » Ella a jouté que « Bella possède de nombreuses qualités féminines innées. Je trouve que pour un personnage littéraire, c'est extraordinaire que tant de jeunes filles la regardent avec admiration car elle est impassiblement changeante », se référant peut-être au fait que dans la deuxième partie de la saga, quand Edward l'abandonne, elle est en proie à la douleur jusqu'à ce qu'elle trouve du réconfort auprès de Jacob. Mais dès qu'elle apprend que le vampire est en danger, elle court le sauver. Il s'agit de doutes, de problèmes et de peines d'amour que toute jeune fille affronte à un moment ou à un autre.

Le réalisateur, Chris Weitz, a souligné un autre élément permettant aux adolescentes de se reconnaître pleinement en Bella, grâce en partie à l'interprétation de Kristen, à savoir le vampirisme comme métaphore de la sexualité : « Quand Edward réfléchit à la possibilité de faire ou non de Bella un vampire, il envisage la chose très sérieusement, tout comme on prendrait au sérieux la chose, ou du moins comme on s'attendrait à ce que les adolescents l'abordent. »

Les vampires sont des personnages qui ont toujours irrésistiblement fasciné le public féminin. Stephenie Meyer les a introduits dans le monde des adolescents ne faisant ainsi que renforcer leur pouvoir d'attraction. Comme l'a souligné Catherine Hardwicke : « Un adolescent, tout comme un vampire, sent en lui à l'improviste une énergie nouvelle. Il peut boire, embrasser et fumer. Tout dépend de la façon dont il contrôle ses pulsions. »

Kristen est donc devenue une idole pour les jeunes filles, tout en renversant la règle qui veut que ce soient plutôt les protagonistes masculins que les fans adorent dans ce genre d'histoires et selon laquelle elles éprouvent de l'antipathie et de l'envie envers la protagoniste féminine. Elle est d'ailleurs très appréciée aussi des jeunes femmes et des mères de famille, comme en témoigne le site *Twilight Moms*, une association née aux États-Unis et actuellement présente en Italie, à laquelle adhèrent des mères, des épouses et des femmes, ayant dépassé la période de l'adolescence, passionnées par la saga.

Grâce aux scènes d'action plus nombreuses dans la version cinématographique de *Tentation*, de nombreux fans masculins ont été conquis alors qu'ils avaient de sérieux préjugés envers la série littéraire. Kristen est devenue, pour eux aussi, une idole, incarnant un type de beauté fait non seulement de grâce et de douceur, loin du glamour habituel des stars, mais aussi d'esprit de décision et de ténacité que tout homme souhaiterait trouver chez une femme. C'est la raison pour laquelle Kristen a récemment été désignée par la revue américaine *Premiere* comme l'une des plus belles femmes parmi les plus belles femmes d'Hollywood. *MTV* l'a également promue au rang des grandes protagonistes de 2009 et comme nous l'avons déjà dit, de couple le plus « hot » avec Robert Pattinson, tandis que le célèbre portail *Internet Movie Database* l'a proclamée l'actrice la plus « visitée » de la toile. Comme si cela ne suffisait pas, *AskMen.com*, magazine en ligne sur lequel ont voté plus de dix millions d'utilisateurs, l'a couronnée une des femmes les plus désirables de toute la planète ; en outre, le magazine *Elle UK* l'a élue « femme de l'année ». *Glamour Magazine* l'a en revanche insérée parmi les stars les plus chics de l'année 2010, justement pour sa capacité à apparaître fantastique qu'elle soit habillée de façon sportive ou élégante.

La beauté et la l'habileté de Kristen enchanteront un public masculin croissant avec la sortie d'*Hésitation*, mais aussi de *The Runaways* et de *Welcome to the Rileys*, des films qui lui permettront de dévoiler un aspect plus sensuel et plus agressif de sa personnalité où elle interprètera de nouveaux personnages auxquels les femmes de tous âges pourront facilement s'identifier.

Chapitre neuf

Hésitation

« Bella peut faire un autre choix qui est excellent. Plus facile et qui ne lui enlèverait rien, ni famille, ni présent, ni futur. »
– Stephenie Meyer

Hésitation est le troisième roman de la saga *Twilight*. Sorti aux États-Unis en août 2007, il est arrivé dans les librairies françaises en novembre de la même année. C'est le moment où Bella, rentrée à Forks en compagnie d'Edward après la rencontre avec les Volturi, doit choisir entre Jacob et lui, sachant bien que sa décision pourrait déclencher une guerre entre vampires et lycanthropes. Elle se trouve à nouveau en grand danger car le vampire Victoria la poursuit pour se venger de la mort de James, son compagnon, tué par la famille Cullen. « Dans les deux premiers épisodes, Bella s'attache à devenir un vampire sans jamais prendre en considération le prix à payer pour cela. Dans *Hésitation*, elle s'en rend parfaitement compte. Tout le roman tourne autour de cela, chaque épisode du passé, chaque lien, chaque action », a dévoilé Stephenie Meyer sur son site.

À la suite du succès de la version cinématographique de *Fascination*, Summit Entertainment a programmé la sortie des autres épisodes de la saga rapidement l'un après l'autre pour que les protagonistes conservent leur crédibilité physique d'adolescents. Le tournage d'*Hésitation* s'est déroulé au Canada, à Vancouver, d'août à octobre 2009. Le film sortira dans les salles américaines le 30 juin 2010, et le 7 juillet dans les salles françaises, en format IMAX dans les circuits habilités. Il s'agit d'une projection où les images ont une grandeur et une résolution telles que le spectateur se sent davantage impliqué ; il se sent protagoniste et le rendu de l'action gagne en dynamisme.

La nécessité de tourner les différents parties de la saga dans des temps rapprochés a requis un changement dans la réalisation, confiée à David Slade, après que les noms de Juan Antonio Bayona, Paul Weitz et Drew Barrymore aient circulé. Auteur du célèbre film d'horreur *30 jours de nuit*, David Slade a été accueilli avec enthousiasme par Stephenie Meyer, bien que, avant d'être impliqué dans le projet, ce dernier ait eu des mots peu flatteurs pour la série. Des mots qu'il a ensuite retirés : « Quand j'ai fait ces commentaires, je n'avais pas vu les films ni lu les livres. Je faisais la promo d'un court-métrage humoristique réalisé pour Xbox et tout sujet de culture pop représentait une cible facile. Je plaisantais et aucun de mes propos n'étaient réellement sincères. » « Je suis très heureuse que David Slade dirige *Hésitation.* C'est un film-maker visionnaire qui peut beaucoup apporter à la série. Depuis le début, nous avons eu la chance d'avoir des réalisateurs au talent surprenant et je suis très contente qu'*Hésitation* soit dans cette lignée » a affirmé Stephenie. Kristen a déclaré sur *ScreenCrave.com* : « Travailler avec David [Slade] m'a conduit à me dire "OK, voyons un peu quelles sont tes idées", vu qu'il s'était présenté avec tant de propositions qui ne me seraient jamais venues à l'esprit. Il est plutôt bon sur le plan technique auquel je ne comprends rien. Je me suis donc sentie à mon aise sachant qu'il avait le contrôle de la situation pendant que Rob, Taylor et moi nous jouions notre rôle. »

Le scénario de ce troisième épisode a été également signé par Melissa Rosenberg qui a déclaré à *Entertainment Tonight* : « Dans *Tentation*, nous sommes en présence du clan des lycanthropes et des Volturi, tandis que dans *Hésitation* s'ouvre une bataille épique. Ainsi à chaque livre, à chaque nouvel épisode cinématographique, le champ s'élargit et on s'amuse en l'écrivant. » À propos de Kristen et de Robert, elle a ajouté : « Stephenie Meyer a créé une véritable alchimie entre les personnages et les deux acteurs ont fait preuve d'une grande affinité. Je ne crois pas que les films auraient eu autant de succès sans eux et l'alchimie qui les unit. Les acteurs de *Twilight* sont vraiment magnifiques. »

Le début du tournage d'*Hésitation* a été marqué par la polémique autour du remplacement de Rachelle Lefèvre par Bryce Dallas Howard dans le rôle de Victoria. Summit Entertainment avait en effet accusé l'actrice de manque de collaboration car elle avait accepté de tourner en Europe le film *Barney's Version* de Richard J. Lewis pendant toute la durée du tournage de *Hésitation* et ce durant au moins dix jours. D'où la décision de la remplacer par Bryce Dallas, la fille de Richie dans *Happy Days* et du désormais célèbre réalisateur Ron Howard, qui avait déjà joué dans *La Jeune Fille de l'eau* et *Terminator Renaissance.*

Il y eut une discussion très animée entre la société de production et Rachelle qui a dit ne pas réussir à croire qu'elle ait pu perdre son rôle pour dix jours d'absence. En réalité, Catherine Hardwicke a révélé au *LA Times* que ce rôle avait déjà été proposé à Bryce Howard pour le premier épisode, mais qu'elle l'avait alors refusé car trop marginal.

Celui qui n'a pas eu de problème à être confirmé dans son rôle, c'est bien Taylor Lautner, devenu pour tous les Twilighters Jacob Black. En tant qu'ancien champion d'arts martiaux, il a été ravi de prendre part à de nombreuses scènes d'action dans le film : « Ce film me plaît. Il est plein d'action et j'aime ça. Dans *Fascination*, le premier rapport qui se crée est celui entre Bella et Edward, tandis que Jacob réussit à construire une relation avec elle dans *Tentation* ; dans *Hésitation* nous en arrivons tous à la conclusion de nous unir pour la protéger. Selon moi, c'est le moment clé de la série : le triangle. J'ai hâte de commencer à travailler. » Et quand *About.com* lui a demandé comment il s'est senti au Canada, mais aussi quelques curiosités sur *Hésitation*, il a répondu : « Le Canada est un pays splendide. J'y ai passé six mois. La première fois que j'y suis allé il faisait sombre et il pleuvait. Et il neigeait. Il était difficile de prévoir le temps. Mais ça a été fantastique de tourner *Hésitation.* Vancouver est une des plus belles villes qui soit et elle me manquera beaucoup. C'est aussi mon épisode préféré, donc commencer le tournage de ce livre que j'adore était très excitant. C'est la mise en place du triangle amoureux. Le premier épisode développe la relation entre Edward et Bella, le second entre Jacob et Bella et dans *Hésitation* les trois sont enfin physiquement ensemble. C'est une des scènes du film que je préfère. Celle de la tente où Edward est obligé – et je pense qu'il s'agit d'un choix – de me faire dormir dans le sac de couchage de Bella afin qu'elle ne meure pas ; elle est en effet en proie aux pires frissons et moi je suis chaud. Je suis alors le seul à pouvoir la maintenir en vie. Une scène amusante. Jacob et Edward se titillent l'un l'autre. Ce sera un film splendide et stupéfiant sur le plan des images. David Slade est fantastique pour ça. » Kristen a elle aussi mentionné cette scène sur *ScreenCrave.com* : « J'adorais les regarder tous les trois, les voir jouer ensemble. Il y a une scène où Edward et Jacob, ennemis mortels, se trouvent sous une tente avec Bella qui dort entre les deux. Une situation ridicule. On a dû tellement travailler. En plus, les effets spéciaux étaient plus importants. Une grande bataille a lieu qui a représenté plus que ce que nous avions affronté dans *Tentation*. C'est fantastique. » Stephenie Meyer a en revanche expliqué : « Jacob a une but et un espoir, celui de sauver la vie de Bella. Il espère conquérir en même temps le cœur de la jeune fille. Mais il échoue dans les deux cas. Toutefois, il ne regrette pas d'avoir tenté sa chance. Il le referait s'il pouvait. Jacob ne pourrait pas vivre s'il ne faisait pas tout ce qui est en son pouvoir pour sauver Bella. Il sait que quand il perdra il aura mal, mais il sait aussi qu'il aurait encore plus mal s'il ne faisait rien. Il ne fait rien de mal ? Mais non, voyons. Il a 16 ans et il agit ainsi à mesure qu'il avance. Qui serait choqué par certaines de ses tactiques, devrait se souvenir de sa jeunesse et du fait, qu'après tout, il a bien raison. Bella l'aime bien (il est plus salutaire pour elle d'en être consciente alors qu'elle prend des décisions définitives). » Quand on lui demande si les sentiments qu'elle éprouve pour Jacob affaiblit en quelque sorte son amour pour Edward, Stephenie répond négativement : « Pour moi non. Cela rend cet amour parfait encore plus fort. Bella peut faire un *autre* choix qui est excellent. Plus facile et qui ne lui enlèverait rien, ni famille, ni présent, ni futur. Elle aurait l'amour, l'amitié et la famille : un futur humain enviable. Et pourtant elle choisit Edward. C'est ce qui rend cette histoire vraie. »

Dans *Hésitation*, de nouveaux protagonistes entrent en scène. Xavier Samuel, d'origine australienne, interprète Riley, le nouveau compagnon de Victoria. L'Anglais Jack Huston, neveu d'Anjelica Huston qui a joué dans *Outlander* en 2009, interprète le rôle de Royce King, le fiancé de Rosalie Hale (Nikki Reed), responsable de la mort de la jeune fille, devenue vampire et mariée à Emmett Cullen (Kellan Lutz). Pour le rôle de Maria, vampire nomade qui a transformé Jasper Hale (Jackson Rathbone), adopté par les Cullen, on a choisi l'actrice d'origine colombienne Catalina Sandino Moreno, candidate à l'Oscar en 2005 pour le prix de la meilleure actrice dramatique dans *Marie, pleine de grâce* et vue dans le film autobiographique de Steven Soderbergh dédié à Che Guevara ainsi que dans *L'amour au temps du choléra*. Leah Clearwater, seul membre féminin du groupe des lycanthropes, a le visage de Julia Jones, actrice et mannequin américain qui a participé à *Urgences*. Seth Clearwater, le frère de Leah, le plus jeune de la bande, est interprété par Boo Boo Stewart, danseur et leader du groupe musical *T-Squad*. La Canadienne Jodelle Ferland, apparue dans des thrillers et des films d'horreur comme *Silent Hill* en 2006, est Bree, vampire de 15 ans transformée par Victoria. La star de la télévision Kirsten Prout est Lucy, un vampire qui met sur pied une armée avec Victoria.

Un triangle amoureux, des scènes d'action époustouflantes, du romantisme, du suspens et du mystère : avec de tels ingrédients, *Hésitation* promet d'être un grand succès et de faire entrer encore davantage de spectateurs dans le monde extraordinaire de *Twilight*.

Chapitre dix

Révélation et les projets à venir

« Ma mère et moi, nous sommes très proches et à la fois différentes sur le plan créatif. » – Kristen Stewart

L'année 2010 est très importante pour Kristen. Mise à part la sortie de *Hésitation*, prévue dans le monde entier entre fin juin et début juillet, deux films importants ont été présentés en janvier et février. Tout d'abord, *The Runaways* de Floria Sigismondi, tiré du livre *Neon Angel* de la chanteuse américaine Cherie Currie et qui raconte l'histoire du groupe de rock féminin dont elle a fait partie, de sa naissance jusqu'au succès puis à sa dissolution. Le film raconte également les dessous des cartes les plus cruels de la vie des rock stars. Les Runaways, formées à Los Angeles en 1975, ont fait les premières parties de nombreux groupes féminins dans les années qui suivirent. Constituées d'adolescentes, elles faisaient une musique qui unissait l'heavy metal et le punk rock, alors à ses débuts, traitant de thèmes comme l'alcool, le sexe, la vie dans la rue qui étaient alors souvent censurés aux États-Unis. Kristen interprète la guitariste Joan Jett, membre du groupe et future chanteuse soliste dans les années quatre-vingt ; Dakota Fanning joue le rôle de Cherie. Celle-ci a déclaré au *Guardian* que Kristen avait appris à reproduire la façon de faire de Jett et qu'elle y était parvenue au point qu'on avait du mal à distinguer le vrai du faux : « Un jour, j'ai répondu au téléphone et j'ai entendu une voix qui me disait : "Eh Cherie". J'ai cru que c'était Joan et j'ai dit : "Mon Dieu, tu es en ville ?". » En réalité il s'agissait d'une plaisanterie de Kristen. L'actrice avait déjà fait preuve de ses talents musicaux dans *Into the Wild*, où elle jouait de la guitare et chantait *Angel from Montgomery* avec Emile Hirsch ; de plus elle a écrit et interprété avec David Baerwald, *Tracy's song*.

The Runaways a été présenté en janvier 2010 en avant-première au Sundance Film Festival, pour être distribué en avril dans les salles américaines. Sa date de sortie en France n'a pas encore été communiquée.

Kristen a présenté un autre de ses films au Sundance et le présentera également au Festival de Berlin, dans la section « Panorama » ; il s'agit de *Welcome to the Rileys* de Jake Scott, le fils de Ridley Scott. Kristen interprète le rôle d'une prostituée danseuse de lap dance qui est accueillie chez les Riley (James Gandolfini et Melissa Leo), bouleversés par la mort de leur fille, morte dans un accident de voiture. Les performances des trois protagonistes ont été très appréciées, en particulier celle de Kristen dont on a souligné la capacité à être si crédible dans des rôles si différents de ceux de Bella Swan. « Le film permet de s'intéresser à des personnes qui n'ont tout simplement pas d'alternative », a affirmé l'actrice. Et quand on l'a accusée de jouer dans un film peu adapté aux adolescentes, elle a répondu qu'on ne la voit jamais entièrement nue et qu'il s'agit d'une très belle histoire pour toutes ses jeunes fans.

Welcome to the Rileys, tourné en 2008, a bénéficié de la célébrité de Kristen dans *Twilight*. Il sera distribué aux États-Unis en automne (pour la France, la date est encore inconnue).

Deux projets sont actuellement en train de prendre forme. Celui auquel elle tient le plus est *K-11*, réalisé par sa mère Jules, aux côtés de Nikki Reed, qui interprète Rosalie Hale dans la saga de Stephenie Meyer. C'est l'histoire d'un producteur musical, Jay Richmond qui après avoir été soupçonné d'homicide et arrêté, se réveille dans une unité appelée « K-11 » où sont enfermées les personnes potentiellement dangereuses pour elles et pour la société, à savoir des célébrités excentriques ou folles, des homosexuels, des travestis et ainsi de suite. Le protagoniste devra identifier son rôle au sein du groupe. Kristen interprète Butterfly, une détenue transsexuelle atteinte d'autisme. Le film devrait sortir à la fin de l'année 2010. « On tente de le faire décoller. Si ma mère m'appelait maintenant en me disant qu'on peut commencer à tourner, je serais très émue. Ma mère et moi, nous sommes très proches et à la fois différentes sur le plan créatif. Ce serait fantastique. Je pense que, en réalité, on pourrait oublier notre lien familial », a confessé Kristen a *ScreenCrave.com.*

Le deuxième projet en cours d'élaboration marque en revanche les début de l'acteur James Woods en tant que réalisateur. La protagoniste de *An American Girl* est une jeune femme victime de l'alcool et de la drogue qui fait scandale dans une ville de l'Indiana où elle habite en se faisant filmer au cours d'un rapport sexuel. Elle s'enrôle dans les Marines et comprendra ce qui lui reste à faire pour recomposer le puzzle de sa vie. James Woods a dit n'avoir pensé qu'à Kristen pour ce rôle qui pourrait lui valoir l'Oscar.

Kristen pourrait en outre jouer aux côtés de Julianne Moore dans *Backwoods*, un film apocalyptique réalisé par Bart Freundlich, qui a déjà réalisé *Les petits braqueurs*.

Le film que tous les fans attendent avec impatience en dehors d'*Hésitation* est *Twilight Chapitre 4 : Révélation*, quatrième épisode de la saga. Le roman homonyme a été publié aux États-Unis en août 2008 et en France en octobre de la même année. Contrairement aux autres

*B*elle et au talent extraordinaire, Kristen est désormais une star internationale.

*D*ans *Panic Room*, Kristen (à gauche) a joué aux côtés de la célèbre Jodie Foster, à laquelle elle a souvent été comparée.

*A*vec Emile Hirsch dans *Into the Wild*, un film qui a marqué un tournant dans sa carrière d'actrice.

Seule une fille comme Kristen pouvait faire sourire Edward Cullen, le vampire tourmenté de *Twilight* !

Surprise et émue de recevoir le BAFTA Orange Rising Star Award 2010, prix du meilleur espoir.

Un superbe premier plan de Kristen dans *The Yellow Handkerchief*, sorti en 2008, dans lequel elle interprète le rôle de Martine.

Un couple « hot » sur le grand écran et (peut-être) dans la vie : Kristen et Robert Pattinson dans *Twilight*.

Son interprétation dans *Welcome to the Rileys*, dans le rôle de Mallory, a été saluée à la fois par le Sundance Film Festival et le Festival de Berlin 2010.

*K*risten et Dakota Fanning dans *The Runaways*, un film biographique, sorti en 2010, écrit et réalisé par Floria Sigismondi.

*D*ans *Twilight Chapitre 3 : Hésitation*, Bella doit choisir définitivement entre Edward et Jacob, alors qu'elle est poursuivie par une dangereuse vampire en quête de vengeance.

*A*vec Taylor Lautner lors de la première de *Twilight Chapitre 2 : Tentation* à Los Angeles, le 16 novembre 2009.

*E*n interprétant le rôle de Bella, Kristen a conquis des millions de fans dans le monde entier.

volumes de la série, il est composé de trois parties, intitulées « Premier livre », « Deuxième livre » et « Troisième livre ». La deuxième partie raconte l'histoire du point de vue de Jacob et non de Bella.

Comme tous les Twilighters le savent, Bella et Edward se marient et la jeune femme accouche d'une créature mi-humaine mi-vampire, Renesmee, précoce en tout. La trame et la présence d'une petite fille ont induit Summit Entertainment à réaliser deux films, dont les tournages commenceront à Vancouver en automne 2010.

Stephenie Meyer a déclaré sur son site que, vu sa longueur, *Révélation* devrait être divisé en deux parties, pour résoudre entre autres le problème de trouver une actrice pour le rôle de Renesmee en mesure d'interpréter malgré son jeune âge des comportements d'adulte. Elle s'est montrée sceptique quant à réaliser un personnage virtuel. Opinion partagée par Kristen qui a également des doutes sur l'utilisation de la technique en 3D. C'est à nouveau Melissa Rosenberg qui écrira le scénario, mais le nom du réalisateur (on a parlé de Sofia Coppola, Gus Van Sant, Bill Condon, Stephen Daldry, M. Night Shyamalan voire même de Quentin Tarantino) n'est pas encore connu ; on a pensé à un retour de Chris Weitz.

Quant au cinquième roman de la série, *Midnight Sun*, qui devrait raconter l'histoire du point de vue d'Edward, il faut se contenter pour le moment du texte partiel que l'on peut trouver sur Internet. Ayant été mis en ligne avant la publication, l'auteur a décidé de ne pas l'achever et de revoir la trame.

Stephenie Meyer va ensuite lancer *The Short Second Life of Bree Tanner: An Eclipse Novella*, un récit qui raconte l'histoire de la vampire apparue dans le troisième volume de la série et le voyage de l'armée de vampires nouveau-nés à la poursuite de Bella et Edward.

Dans l'attente des prochains épisodes de la saga, et au vu de la rivalité croissante entre la Team Edward et la Team Jacob, des millions de fans du monde entier ont constitué un groupe qui a mis d'accord les factions opposées : la Team Bella, ou plutôt la Team Kristen !

KRISTEN FILM PAR FILM

LES DÉBUTS, LES GRANDS SUCCÈS, LES FUTURS RÔLES

***The Thirteenth Year* (téléfilm)**

PAYS D'ORIGINE ET ANNÉE DE SORTIE : États-Unis, 1999. RÉALISATION : Duwayne Dunham. SUJET : Jenny Arata. SCÉNARIO : Robert L. Baird, Kelly Senecal, Jenny Arata.

INTERPRÈTES ET PERSONNAGES : Chez Starbuck *(Cody Griffin)*, Dave Coulier *(Whit Griffin)*, Lisa Stahl *(Sharon Griffin)*, Courtnee Draper *(Sam)*, Justin Jon Ross *(Jess Wheatley)*, Brent Briscoe *(Big John Wheatley)*, Tim Redwine *(Sean Marshall)*, Brian Haley *(Coach)*, Karen Maruyama *(Mrs. Nelson)*.

TRAME : à l'occasion de son treizième anniversaire, Cody remarque sur son corps la présence de nageoires et d'écailles et découvre que sa vraie mère est une… sirène.

NOTE : Kristen apparaît brièvement dans une scène où elle fait la file à l'école pour boire.

Les Pierrafeu à Rock Vegas
(The Flintstones in Viva Rock Vegas)

PAYS D'ORIGINE ET ANNÉE DE SORTIE : États-Unis, 2000. RÉALISATION : Brian Levant. SUJET : William Hanna, Joseph Barbera. SCÉNARIO : Deborah Kaplan, Harry

Elfont, Jim Cash, Jack Epps Jr. PRODUCTEURS : Joseph Barbera, William Hanna, Dennis E. Jones Bruce Cohen, Bart Brown. DÉCORS : Christopher Burian-Mohr. PHOTOGRAPHIE : Jamie Anderson. COSTUMES : Robert Turturice. MUSIQUE : David Newman. MONTAGE : Kent Beyda. EFFETS SPÉCIAUX : Kim Derry. DURÉE : 90 minutes.

INTERPRÈTES ET PERSONNAGES : Mark Addy *(Fred Flintstone)*, Stephen Baldwin *(Barney Rubble)*, Kristen Johnston *(Wilma Slaghoople)*, Jane Krakowski *(Betty O'Shale)*, Joan Collins *(Pearl Slaghoople)*, Alan Cumming *(Gazoo/Mick Jagged)*, Thomas Gibson *(Chip Rockefeller)*, Harvey Korman *(Colonel Slaghoople)*, Alex Meneses *(Roxie)*, John Taylor *(Keith Richrock)*.

TRAME : avant les *Pierrafeu*, racontant la rencontre de Fred et Barney avec leurs épouses respectives, Wilma et Betty.

NOTE : Kristen apparaît dans le rôle d'une fillette qui lance des anneaux.

The Safety of Objects

PAYS D'ORIGINE ET ANNÉE DE SORTIE : Grande-Bretagne/États-Unis, 2001. RÉALISATION : Rose Troche. SUJET : A. M. Homes. SCÉNARIO : Rose Troche. PRODUCTION : Killer Films, Vulcan Productions, Clear Blue Sky Productions, Better Safe Productions Inc., Infilm, Renaissance Films. DÉCORS : Andrea Stanley. PHOTOGRAPHIE : Enrique Chediak. COSTUMES : Laura Jean Shannon. MUSIQUE : Barb Morrison, Charles Nieland, Nance Nieland. MONTAGE : Geraldine Pe-

roni. DURÉE : 121 minutes.
INTERPRÈTES ET PERSONNAGES : Kristen Stewart *(Sam Jennings)*, Glenn Close *(Esther Gold)*, Dermot Mulroney *(Jim Train)*, Jessica Campbell *(Julie Gold)*, Patricia Clarkson *(Annette Jennings)*, Joshua Jackson *(Paul Gold)*, Moira Kelly *(Susan Train)*, Robert Klein *(Howard Gold)*, Timothy Olyphant *(Randy)*, Mary Kay Place *(Helen Christianson)*, Alex House *(Jake Train)*, Charlotte Arnold *(Sally Christianson)*, Aaron Ashmore *(Bobby Christianson)*, Andrew Airlie *(Bruce Jennings)*, Stephanie Mills *(Karen)*, Angela Vint *(Tina)*, C. David Johnson *(Wayne Christianson)*, Haylee Wanstall *(Rayanne Jennings)*, Carly Chalom *(Emily Train)*.
TRAME : les aventures de quatre familles d'un faubourg de New York avec leurs drames quotidiens, petits et grands.

CRITIQUES DE LA PRESSE :
« Si les situations sont relativement attendues, le montage travaillé et certains aspects du scénario rendent attachant ce Magnolia en mode mineur. »
Charlotte Garson, *Les cahiers du cinéma*, n° 576

« Avec ce film choral remarquablement interprété, Rose Troche fait preuve d'une grande maîtrise narrative et parvient à cristalliser les souffrances de ses personnages. »
T. B., *Studio Magazine*, n° 187

« Péché de gourmandise pour Rose Troche, qui en dit trop en trop peu de temps. Mais la sagacité du

scénario et la brochette de comédiennes valent le détour. »
Philippe Paumier, *Cinélive*, n° 66

Panic Room

PAYS D'ORIGINE ET ANNÉE DE SORTIE : États-Unis, 2002. RÉALISATION : David Fincher. SUJET ET SCÉNARIO : David Koepp. PRODUCTEURS : Ceán Chaffin, John S. Dorsey, Judy Hofflund, David Koepp, Gavin Polone. DÉCORS : Arthur Max. PHOTOGRAPHIE : Conrad W. Hall, Darius Khondji. COSTUMES : Michael Kaplan. MUSIQUE : Howard Shore. MONTAGE : James Haygood, Angus Wall. DURÉE : 112 minutes.
INTERPRÈTES ET PERSONNAGES : Kristen Stewart *(Sarah Altman)*, Jodie Foster *(Meg Altman)*, Forest Whitaker *(Burnham)*, Dwight Yoakam *(Raoul)*, Jared Leto *(Junior)*, Patrick Bauchau *(Stephen Altman)*, Ann Magnuson *(Lydia Lynch)*, Ian Buchanan *(Kurlander)*, Paul Schulze *(Agent Keeney)*.
TRAME : la vie de Meg Altman et de sa fille Sarah est menacée par trois cambrioleurs qui pénètrent dans leur appartement. Leur seul espoir est de se réfugier dans la *panic room*, une pièce blindée pourvue d'un système d'aération autonome, d'un monitor et d'une ligne téléphonique indépendante qui n'a toutefois pas encore été activée…
NOTE : Kristen est doublée par Solange Boulanger.

CRITIQUES DE LA PRESSE :
« Le scénario est si bien ficelé qu'on est ligoté à notre fauteuil de spectateur, à se demander comment

la mère et la fille (formidable Kristen Stewart) vont bien pouvoir s'en sortir. Après quoi, on rentre rapidement chez soi, s'enfermer à double tour... »
Patrick Fabre, *Studio Magazine*, n° 177

« Ingénieusement effrayant. »
Joe Morgenstern, *Wall Street Journal*

La Gorge du Diable (Cold Creek Manor)

PAYS D'ORIGINE ET ANNÉE DE SORTIE : Canada/États-Unis/Grande-Bretagne, 2003. SUJET ET RÉALISATION : Mike Figgis. SCÉNARIO : Richard Jefferies. DÉCORS : Leslie Dilley. PHOTOGRAPHIE : Declan Quinn. MUSIQUE : Mike Figgis. MONTAGE : Dylan Tichenor. DURÉE : 118 minutes.

INTERPRÈTES ET PERSONNAGES : Kristen Stewart *(Kristen Tilson)*, Dennis Quaid *(Cooper Tilson)*, Sharon Stone *(Leah Tilson)*, Juliette Lewis *(Ruby)*, Stephen Dorff *(Dale Massie)*, Christopher Plummer *(Mr. Massie)*, Ryan Wilson *(Jesse Tilson)*, Dana Eskelson *(Shérif Ferguson)*.

TRAME : Cooper et Leah Tilson décident de quitter New York pour s'installer à la campagne dans une maison à restaurer qui, en réalité, cache de bien obscurs secrets...

CRITIQUES DE LA PRESSE :

« Le film appartient en dernière instance à Mr. Dorff, dont le rôle de méchant est aussi effrayant que celui d'un reptile à l'apparence hu-

maine qui ramperait sur l'écran. »
Stephen Holden, *The New York Times*

« Un film léger comme du pop-corn, certainement pas le plus terrifiant de l'année mais suffisamment remuant pour que la vision en soit satisfaisante. Le solide scénario de l'écrivain Richard Jefferies met l'accent sur la psychologie des personnages plutôt que sur l'intrigue et permet à Dennis Quaid et Sharon Stone d'interpréter des rôles multidimensionnel surprenants. »
Kevin Thomas, *Los Angeles Times*

Speak
PAYS D'ORIGINE ET ANNÉE DE SORTIE : États-Unis, 2004. RÉALISATION : Jessica Sharzer. SUJET : Laurie Halse Anderson. SCÉNARIO : Jessica Sharzer, Annie Young Frisbie. PRODUCTEURS : Fred Berner, Matthew Meyers, Jessica Sharzer, Annie Young Frisbie. PRODUCTION : Speak Film Inc. DÉCORS : Laura Ballinger. PHOTOGRAPHIE : Andrij Parekh. COSTUMES : Rebecca Bentjen. MUSIQUE : Christopher Libertino. DURÉE : 89 minutes.
INTERPRÈTES ET PERSONNAGES : Kristen Stewart *(Melinda Sordino)*, Michael Angarano *(Dave Petrakis)*, Robert John Burke *(Monsieur Neck)*, Hallee Hirsch *(Rachel Bruin)*, Eric Lively *(Andy Evans)*, Elizabeth Perkins *(Joyce Sordino)*, Allison Siko *(Heather)*, D.B. Sweeney *(Jack Sordino)*, Steve Zahn *(Monsieur Freeman)*.
TRAME : Melinda Sordino est violée à l'âge de 13 ans

durant l'été qui précède sa rentrée au lycée par un camarade de classe pendant une fête. Elle appelle la police, mais ne raconte pas ce qui s'est passé. Elle se retrouve alors mise à l'écart et commence à avoir des difficultés d'élocution. Un professeur de dessin va l'aider à révéler son terrible secret.

Les Petits Braqueurs (Catch That Kid)

PAYS D'ORIGINE ET ANNÉE DE SORTIE : États-Unis/Allemagne, 2004. RÉALISATION : Bart Freundlich. SUJET : Nikolaj Arcel, Hans Fabian Wullenweber, Erlend Loe. SCÉNARIO : Michael Brandt, Derek Haas. PRODUCTEURS : Mikkel Bondesen, James Dodson, Jeffrey Graup, Andrew Lazar, Damien Saccani, Uwe Schott, Gym Hinderer. DÉCORS : Tom Meyer. PHOTOGRAPHIE : Julio Macat. COSTUMES : Salvador Pérez Jr. MUSIQUE : George S. Clinton. MONTAGE : Stuart Levy. DURÉE : 91 minutes.

INTERPRÈTES ET PERSONNAGES : Kristen Stewart *(Maddy)*, Corbin Bleu *(Austin)*, Max Thieriot *(Gus)*, Jennifer Beals *(Molly)*, Sam Robards *(Tom)*, John Carroll Lynch *(Mr. Hartmann)*, James Le Gros *(Ferrell)*, Michael Des Barres *(Brisbane)*, Stark Sands *(Brad)*.

TRAME : Tom, ancien alpiniste, risque de rester paralysé à moins de subir une opération chirurgicale coûteuse. Sa fille Maddy, 12 ans, organise un vol dans la banque où travaille sa mère avec la complicité de deux amis, Gus et Austin, tous deux amoureux d'elle. Le coup réussit mais les trois finissent par être découverts et… pardonnés.

NOTE : Kristen est doublée par Kelly Marot.

CRITIQUES DE LA PRESSE :
« *Les Petits Braqueurs* répond à tous les critères du genre et le hold-up vaut même celui de *Ocean's Eleven.* »
Roger Ebert, *Chicago Sun-Times*

« Un *Spy Kids* passable et terne. »
Elizabeth Weitzman, *New York Daily News*

L'Autre Rive (Undertow)
PAYS D'ORIGINE ET ANNÉE DE SORTIE : États-Unis, 2004. RÉALISATION : David Gordon Green. SUJET : Lingard Jervey. SCÉNARIO : Joe Conway et David Gordon Green. PRODUCTEURS : Lisa Muskat, Terrence Malik, Edward R. Pressman, Sophia Lin. PRODUCTION : Sunflower Productions. DISTRIBUTION EN FRANCE : Bac Films. DÉCORS : Richard A. Wright. PHOTOGRAPHIE : Tim Orr. COSTUMES : Jill Newell. MUSIQUE : Philip Glass, Michael Linnen, David Wingo. MONTAGE : Zene Baker et Steven Gonzales. DURÉE : 108 minutes.
INTERPRÈTES ET PERSONNAGES : Kristen Stewart *(Lila)*, Jamie Bell *(Chris Munn)*, Josh Lucas *(Deel Munn)*, Devon Alan *(Tim Munn)*, Dermot Mulroney *(John Munn)*, Shiri Appleby *(Violet)*, Pat Healy *(le mécanicien Grant)*, Bill McKinney *(le grand-père)*, Robert Longstreet *(Bern Losholder)*, Terry Loughlin *(l'officier Clayton).*
TRAME : les frères Munn, Chris et Tim s'échappent

de chez leur oncle Deel, un homme violent qui, après avoir tué leur père, veut s'emparer de certaines pièces d'or.

CRITIQUES DE LA PRESSE :
« C'est un univers naturaliste et poétique dans lequel s'épanouissent la présence charnelle des personnages et le drame primitif qui les unit. »
Isabelle Regnier, *Le Monde*

« Tout aussi solitaire et tout aussi euphorique, l'exploration formelle est traversée chez David Gordon Green par des crises qui sont autant d'éclairs. »
Mia Hansen – Love, *Les cahiers du cinéma*, n° 597

« [...] un réalisateur qui sait filmer la fragilité de l'adolescence, la violence qui surgit du quotidien, la vie qui se refuse à sourire. »
E. L., *L'express Mag*, n° 2792

Fierce People

PAYS D'ORIGINE ET ANNÉE DE SORTIE : États-Unis/Canada, 2005. RÉALISATION : Griffin Dunne. SUJET ET SCÉNARIO : Dirk Wittenborn. PRODUCTEURS : Griffin Dunne, Nick Wechsler. PRODUCTION : Lions Gate Entertainment, Industry Entertainment, Lions Gate Films. DÉCORS : Mark Ricker. PHOTOGRAPHIE : William Rexer. COSTUMES : Monique Prudhomme. MUSIQUE : Nick Laird-Clowes. MONTAGE : Allyson C. Johnson. DURÉE : 107 minutes.
INTERPRÈTES ET PERSONNAGES : Kristen Stewart

(Maya), Diane Lane *(Liz Earl)*, Anton Yelchin *(Finn Earl)*, Donald Sutherland *(Ogden C. Osborne)*, Chris Evans *(Bryce)*, Elizabeth Perkins *(Madame Langley)*.
Trame : Liz Earl, masseuse new-yorkaise, rêve de retrouver le père de son fils, un anthropologue qui vit et travaille en Amérique du Sud auprès de la tribu des Yanomano. Les situations difficiles auxquelles va être confronté son fils la porteront à changer de vie.

Critiques de la presse :
« Ce film vaut la peine d'être vu avant tout pour le divertissement durant la première partie. Après ça, on ne regarde plus le film que pour savoir comment il va se terminer. »
James Berardinelli, *ReelViews*

« L'adaptation du roman très personnel de Dirk Wittenborn par le réalisateur Griffin Dunne se déplace agréablement sur le terrain d'un film sur l'éducation des personnages puis prend un détour imprévu dans le monde d'Agatha Christie. »
Kyle Smith, *New York Post*

Zathura – Une aventure spatiale (Zathura – A Space Adventure)

Pays d'origine et année de sortie : États-Unis, 2005. Réalisation : Jon Favreau. Sujet : Chris Van Allsburg (d'après le roman intitulé *Zathura*). Scénario : David Koepp, John Kamps. Producteurs : Peter Billingsley, Michael De Luca, Louis D'Esposito, Ted Field, Scott Kroopf, William Teitler. Décors : J. Michael Riva. Photographie : Guillermo Navarro. Costumes : Laura Jean Shannon. Musique : John Debney. Maquillage : Amy L. Disarro, Linda D. Flowers, Brian Hillard, Melanie Hughes, Kent Jones, Hiroshi Katagiri, Shane Mahan, Joey Orosco, Mimi Palazon, Alan Scott, Christopher Swift, Roxanne Wightman, David Merritt. Montage : Dan Lebental. Durée : 113 minutes.

Interprètes et personnages : Kristen Stewart *(Lisa)*, Jonah Bobo *(Danny)*, Josh Hutcherson *(Walter)*, Dax Shepard *(l'astronaute)*, Tim Robbins *(le père)*, Frank Oz *(Robot – voix)*, John Alexander *(Robot)*, Derek Mears *(le chef des Zorgon)*, Douglas Tait, Joe Bucaro III et Jeff Wolfe *(les Zorgon)*.

Trame : deux frères de 6 et 10 ans, Danny et Walter, sont confiés à leur grande sœur par leur père qui a dû les laisser pour des raison de travail. À la suite de nombreuses disputes, Danny est enfermé dans un débarras où il trouve un vieux jeu appelé Zathura. Un jeu très spécial…

Critiques de la presse :

« Ce conte exaltant permet à Jon Favreau de donner corps, avec bonheur, à cet imaginaire enfantin… »
J. W., *L'express Mag*, n° 2848

« Tout cet univers à la fois rétrospectif et futuriste est reconstitué au moyen d'effets spéciaux superbes. […] Un divertissement familial de qualité. »
Emmanuel Denis, *L'écran fantastique*, n° 262

Les Messagers (The Messengers)

PAYS D'ORIGINE ET ANNÉE DE SORTIE : États-Unis, 2007. RÉALISATION : Danny et Oxide Pang. SUJET : Todd Farmer. SCÉNARIO : Mark Wheaton. PRODUCTEURS : Sam Raimi, William Sherak, Jason Shuman, Robert G. Tapert, Andrew Pfeffer. DISTRIBUTION EN FRANCE : Metropolitan Filmexport. DÉCORS : Alicia Keywan. PHOTOGRAPHIE : David Geddes. COSTUMES : Mary Hyde-Kerr, Cathy McComb. MUSIQUE : Joseph LoDuca. MAQUILLAGE : Russell Cate, Steven E. Anderson, Jennifer Forberg, Julian Ledger, David Scott. MONTAGE : John Axelrad, Armen Minasian, Tim Mirkovich. EFFETS SPÉCIAUX : James Paradis. DURÉE : 90 minutes.

INTERPRÈTES ET PERSONNAGES : Kristen Stewart *(Jess Solomon)*, Dylan McDermott *(Roy Solomon)*, Penelope Ann Miller *(Denise Solomon)*, John Corbett *(Burwell Rollins)*, Evan Turner *(Ben Solomon)*, Theodore Turner *(Ben Solomon)*, William B. Davis *(Colby Price)*, Brent Briscoe *(Plume)*, Dustin Milligan *(Bobby)*, Jodelle Ferland *(Michael Rollins)*, Michael Daingerfield *(fonctionnaire de police)*, Tatiana Maslany *(Lindsay Rollins)*, Shirley McQueen *(Mary Rollins)*.

TRAME : la famille Solomon quitte Chicago pour s'installer dans une ferme tranquille du Dakota du Nord. Jess, 16 ans, et son petit frère Ben commencent à assister à des phénomènes mystérieux et étranges.

NOTE : Kristen est doublée par Lucile Boulanger.

CRITIQUES DE LA PRESSE :

« Les portes claquent, le vent souffle, les mains cris-

pées entrent dans le champ, les héros sursautent… Rien de bien nouveau à l'horizon, en somme. »
Gilles Penso, *L'écran fantastique*, n° 275

« Si les Frères Pang font preuve culturellement d'une bonne faculté d'adaptation au niveau visuel, ils sont totalement nuls quant au rendu du scénario très américain de Mark Wheaton, il faut en convenir, un peu incomplet. »
Ronnie Scheib, *Variety*

In the Land of Women

PAYS D'ORIGINE ET ANNÉE DE SORTIE : États-Unis, 2007. RÉALISATION, SUJET ET SCÉNARIO : Jon Kasdan. PRODUCTEURS : Steve Golin, David Kanter, Lawrence Kasdan, Barbara Kelly. PRODUCTION : Land Films Inc., Castle Rock Entertainment, Anonymous Content, Warner Independent Pictures. DISTRIBUTION EN FRANCE : Warner Bros. DÉCORS : Sandy Cochrane. PHOTOGRAPHIE : Paul Cameron. MUSIQUE : Stephen Trask. MONTAGE : Marty Levenstein, Carol Littleton. DURÉE : 97 minutes.
INTERPRÈTES ET PERSONNAGES : Kristen Stewart *(Lucy Hardwicke)*, Adam Brody *(Carter Webb)*, Meg Ryan *(Sarah Hardwicke)*, Makenzie Vega *(Paige Hardwicke)*, Olympia Dukakis *(Phyllis, grand-mère de Carter)*, Elena Anaya *(Sophie)*, Clark Gregg *(Nelson Hardwicke)*, Ginnifer Goodwin *(Janey)*, JoBeth Williams *(Agnes Webb)*, Rob Reinis *(Avi Rosenberg)*, Dustin Milligan *(Eric Watts)*, Graham Wardle *(Gabe Foley)*, Elise Gatien *(Tiffany)*, Christine Danielle *(Tanya)*, Jeff Cunningham *(Howard Portchnik)*.

TRAME : Carter Webb, jeune écrivain de Los Angeles qui survit en écrivant des dialogues de films pornographiques, déménage dans le Michigan où vit sa grand-mère et où il entre dans la vie de Sarah et de ses deux filles, Paige et Lucy.

CRITIQUES DE LA PRESSE :
« Kasdan, 27 ans, fait preuve d'une habileté particulière à apporter une touche de fraîcheur et d'humanité à ce qui pourrait facilement glisser vers la banalité, comme le fit avant lui son père dans des films comme *Les Copains d'abord* et *La Fièvre au corps.* »
Kenneth Turan, *Los Angeles Times*

« Kasdan a fait un film attachant, bien qu'un peu trop complaisant, et remarquable par son analyse percutante, sa préférence pour la psychologie plutôt que pour l'intrigue et sa modestie revigorante. »
David Ansen, *Newsweek*

The Cake Eaters

PAYS D'ORIGINE ET ANNÉE DE SORTIE : États-Unis, 2007. SUJET ET RÉALISATION : Mary Stuart Masterson. SCÉNARIO : Jayce Bartok. PRODUCTEURS : Allen Bain, Jayce Bartok, Carrie Fix, Darren Goldberg, Mary Stuart Masterson, Elisa Pugliese, Jesse Scolaro. DÉCORS : David Stein. PHOTOGRAPHIE : Peter Masterson. COSTUMES : Marina Draghici. MUSIQUE : Duncan Sheik. MONTAGE : Joe Landauer, Colleen Sharp. DURÉE : 86 minutes.
INTERPRÈTES ET PERSONNAGES : Kristen Stewart *(Geor-*

gia), Aaron Stanford *(Dwight "Beagle" Kimbrough)*, Bruce Dern *(Easy Kimbrough)*, Jesse L. Martin *(Judd)*, Elizabeth Ashley *(Marg)*, Talia Balsam *(Violet)*, Jayce Bartok *(Guy Kimbrough)*, Marylouise Burke *(Babe)*, E. J. Carroll *(Vito)*, Thomas Cavanagh *(Lloyd)*, Miriam Shor *(Stephanie)*, Melissa Leo *(Ceci)*, Elisa Pugliese *(Stacy)*.
TRAME : l'histoire d'amour entre Beagle qui travaille dans une cantine scolaire et Georgia, une jeune fille atteinte d'ataxie, qui se sent opprimée par sa mère, les portera à affronter le monde qui les entoure.

CRITIQUES DE LA PRESSE :
« Masterson, comme beaucoup d'acteurs, est une bonne réalisatrice, même débutant, avec son frère Peter, derrière la camera, à ses côtés. Elle crée de la magie et de la tendresse et pousse l'histoire avec une grande justesse jusque dans ses derniers retranchements. »
Roger Ebert, *Chicago Sun-Times*

« Avec tout ce fatras de salles de cinéma, il est honteux qu'il ait fallu attendre deux ans pour que ce drame délicieux et intelligent soit distribué et finisse en DVD. »
V. A. Musetto, *New York Post*

Into the Wild

PAYS D'ORIGINE ET ANNÉE DE SORTIE : États-Unis, 2007. SUJET : Jon Krakauer. RÉALISATION ET SCÉNARIO : Sean Penn. PRODUCTEURS : David Blocker, John J. Kelly,

Art Linson, Sean Penn, William Pohlad, Frank Hildebrand. PRODUCTION : Paramount Vantage, River Road Films, Art Linson Productions. DISTRIBUTION EN FRANCE : Pathe Distribution. DÉCORS : Derek. R. Hill. PHOTOGRAPHIE : Éric Gautier. COSTUMES : Mary Claire Hannan. MONTAGE : Jay Cassidy. MUSIQUE : Gustavo Santaolalla, Michael Brook, Eddie Vedder, Kaki King. DURÉE : 148 minutes.
INTERPRÈTES ET PERSONNAGES : Kristen Stewart *(Tracy Tatro)*, Emile Hirsch *(Christopher McCandless)*, William Hurt *(Walt McCandless)*, Marcia Gay Harden *(Billie McCandless)*, Jena Malone *(Carine McCandless)*, Catherine Keener *(Jan Burres)*, Brian Dierker *(Rainey)*, Hal Holbrook *(Ron Franz)*, Vince Vaughn *(Wayne Westerberg)*, Zach Galifianakis (Kevin), Haley Ramm *(Carine enfant)*.
TRAME : tiré du best-seller de Jon Krakauer, *Into the Wild*, l'histoire vraie de Christopher McCandless, un jeune homme issu d'une famille aisée, tout juste agrégé, qui décide de tout abandonner pour entreprendre un voyage aventureux vers l'Alaska, à la découverte d'une vie au contact de la nature sauvage.
Parmi les nombreuses récompenses, le film a remporté le Golden Globe 2008 pour la meilleure chanson *(Guaranteed)*, le Prix Fastweb pour la section "Première" au Festival international du cinéma à Rome et le Ciak d'oro italien 2008 comme meilleur film étranger.
NOTE : Kristen est doublée par Nastassja Girard.

CRITIQUES DE LA PRESSE :
« Penn a besoin de partir des affects pour parvenir

à une lucidité supérieure, et chacun de ses film restitue le choc de l'expérience... »
D. P., *Libération*

« [...] un tsunami d'émotion éclabousse l'écran... »
Laurent Djian, *Cinélive*, n° 32

« *Into the wild* [...] s'impose comme un portrait en creux d'un des derniers rebelles d'Hollywood. »
Jérôme Vermelin, *Métro*

***Cutlass* (court-métrage)**

PAYS D'ORIGINE ET ANNÉE DE SORTIE : États-Unis, 2007. SUJET, RÉALISATION ET SCÉNARIO : Kate Hudson. PRODUCTEURS : Kevin Chinoy, Andrew Kilbourn, Leslie Russo, Francesca Silvestri, Chris Stinson, Bill Wackermann. DÉCORS : Johannes Spalt. PHOTOGRAPHIE : Daniel Mindel. COSTUMES : Marie-Sylvie Deveau. MUSIQUE : Scott Hardkiss. MONTAGE : Trish Fuller. DURÉE : 16 minutes.
INTERPRÈTES ET PERSONNAGES Kristen Stewart *(Robin jeune)*, Virginia Madsen *(Robin adulte)*, Dakota Fanning *(Lacy)*, Kurt Russell *(le père)*, Sarah Roemer *(Eve)*, Brian Hooks *(Leroy)*, Chevy Chase *(Stan)*, Ethan Suplee *(Bruce)*, Steve Jones *(Jonesy)*.
TRAME : court-métrage où la protagoniste, Robin, ayant acheté une guitare très coûteuse pour sa fille Lacy, se souvient du temps où elle possédait une vieille voiture, Oldsmobile Cutlass, à laquelle elle tenait particulièrement.

The Yellow Handkerchief

PAYS D'ORIGINE ET ANNÉE DE SORTIE : États-Unis, 2008. RÉALISATION : Udayan Prasad. SUJET : Pete Hamill. SCÉNARIO : Erin Dignam. PRODUCTION : Arthur Cohn Productions. DÉCORS : Monroe Kelly. PHOTOGRAPHIE : Chris Menges. COSTUMES : Caroline Eselin. MUSIQUE : Jack Livesey. MONTAGE : Christopher Tellefsen. DURÉE : 102 minutes.

INTERPRÈTES ET PERSONNAGES : Kristen Stewart *(Martine)*, William Hurt *(Brett Hanson)*, Maria Bello *(May)*, Eddie Redmayne *(Gordy)*, Emmanuel Cohn *(le docteur)*, Nurith Cohn *(l'infirmière)*, Veronica Russell *(Warden Genaro)*, Rebecca Newman *(Ilene)*.

TRAME : un voyage en Louisiane transforme la vie de trois inconnus unis par la solitude.

CRITIQUES DE LA PRESSE :

« Cohn a réuni un quartet d'acteurs doués qui excellent sous la direction, d'une grande sensibilité, de Prasad. »
Kevin Thomas, *Los Angeles Times*

« *The Yellow Handkerchief* raconte une fable hors du temps et le fait très bien. »
Lou Lumenick, *New York Post*

Panique à Hollywood (What Just Happened)

PAYS D'ORIGINE ET ANNÉE DE SORTIE : États-Unis, 2008. RÉALISATION : Barry Levinson. SUJET ET SCÉNARIO : Art Linson. PRODUCTEURS : Robert De Niro, Art Linson,

Jane Rosenthal, Mark Cuban, Barry Levinson. PRODUCTION : 2929 Productions, Art Linson Productions, Tribeca Productions. DISTRIBUTION EN FRANCE : Universal-Studio Canal. DÉCORS : Stefania Cella. PHOTOGRAPHIE : Stéphane Fontaine. MUSIQUE : Marcelo Zarvos. MONTAGE : Hank Corwin. DURÉE : 106 minutes.

INTERPRÈTES ET PERSONNAGES : Kristen Stewart *(Zoe)*, Robert De Niro *(Ben)*, Stanley Tucci *(Scott Solomon)*, John Turturro *(Dick Bell)*, Robin Wright Penn *(Kelly)*, Catherine Keener *(Lou Tarnow)*, Bruce Willis *(lui-même)*, Sean Penn *(lui-même)*.

TRAME : en l'espace de deux semaines, Ben, producteur de cinéma à Hollywood, doit affronter des problèmes de travail complexes et invraisemblables, les conséquences d'un mariage qui a échoué et d'un autre en pleine crise.

NOTE : Kristen est doublée par Noémie Orphelin.

CRITIQUES DE LA PRESSE :

« La réalisation est tout à fait adaptée à cet univers cynique où règne la paranoïa et l'obsession du pouvoir… »
M. Ca, *Positif*, n° 569-570

« Un peu trop parlé mais des répliques terriblement indécentes et désopilantes fusent. Le tableau d'Hollywood dépeint comme une attaque de panique géante est merveilleusement rendu. »
Owen Gleiberman, *Entertainment Weekly*

Jumper

Pays d'origine et année de sortie : États-Unis, 2008. Réalisation : Doug Liman. Sujet : Steven Gould. Scénario : David S. Goyer, Simon Kinberg, Jim Uhls. Décors : Oliver Scholl. Photographie : Barry Peterson. Costumes : Magali Guidasci. Musique : John Powell. Maquillage : Judy Chin, Karola Dirnberger, Elvia Felix Herrera, Briana Lindsey, Marie Nardella, Sean Sansom. Durée : 88 minutes.

Interprètes et personnages : Kristen Stewart *(Sophie)*, Hayden Christensen *(David Rice)*, Jamie Bell *(Griffin)*, Samuel L. Jackson *(Roland)*, Rachel Bilson *(Millie Harris)*, Diane Lane *(Mary Rice)*, Michael Rooker *(William Rice)*, AnnaSophia Robb *(Millie jeune)*, Max Thieriot *(David jeune)*, Jesse James *(Mark jeune)*, Tom Hulce *(Mr. Bowker)*.

Trame : David Rice découvre qu'il peut se « télétransporter ». Poursuivi par une organisation secrète, il s'allie à un autre garçon, Griffin, pour la combattre.

Note : Kristen interprète Sophie dans un tout petit rôle.

Twilight Chapitre 1 : Fascination

Pays d'origine et année de sortie : États-Unis, 2008. Réalisation : Catherine Hardwicke. Scénario : Melissa Rosenberg d'après le roman de Stephenie Meyer. Producteurs : Wyck Godfrey, Greg Mooradian, Mark Morgan, Karen Rosenfelt, Jamie Marshall, Patrick Thomas Smith. Production : Summit Entertainment, Maverick Films, Imprint Entertainment, Temple Hill Entertainment, Twilight Productions, Goldcrest Pictures. DISTRIBUTION EN FRANCE : SND. DÉCORS : Christopher Brown, Ian Phillips. PHOTOGRAPHIE : Elliot Davis. MUSIQUE : Carter Burwell. COSTUMES : Wendy Chuck. MAQUILLAGE : Stephanie June Johnson, Robin Schmitt, Crystal Shade, Susan Sittko Schaefer. MONTAGE : Nancy Richardson. EFFETS SPÉCIAUX : Industrial Light & Magic. DURÉE : 122 minutes.

INTERPRÈTES ET PERSONNAGES : Kristen Stewart *(Bella Swan)*, Robert Pattinson *(Edward Cullen)*, Peter Facinelli *(Carlisle Cullen)*, Elizabeth Reaser *(Esme Cullen)*, Ashley Greene *(Alice Cullen)*, Billy Burke *(Charlie Swan)*, Taylor Lautner *(Jacob Black)*, Jackson Rathbone *(Jasper Hale)*, Nikki Reed *(Rosalie Hale)*, Kellan Lutz *(Emmett Cullen)*, Cam Gigandet *(James)*, Edi Gathegi *(Laurent)*, Rachelle Lefèvre *(Victoria)*, Anna Kendrick *(Jessica Stanley)*, Michael Welch *(Mike Newton)*, Christian Serratos *(Angela Weber)*, Gil Birmingham *(Billy Black)*, Sarah Clarke *(René)*, Justin Chon *(Eric Yorkie)*, Solomon Trimble *(Sam Uley)*, Christopher Ahuja *(Johnny)*, Ned Bellamy *(Waylon Forge)*, Matt Bushell *(Phil Dwyer)*, José Zúñiga *(Mr. Molina)*.

TRAME : Isabella (Bella) Swan, une jeune fille de 17 ans, quitte la maison de sa mère à Phoenix (Arizona) pour s'installer chez son père Charlie à Forks, une petite ville de l'État de Washington. Elle fait la connaissance au lycée d'un très beau garçon mystérieux, Edward Cullen, qui va s'avérer être un vampire avec lequel Bella va vivre une histoire d'amour extraordinaire mais dangereuse.

NOTE : Kristen est doublée par Noémie Orphelin. Le film a remporté cinq MTV Movie Awards 2009 comme meilleur film, meilleur rôle féminin (Kristen Stewart), meilleure révélation masculine (Robert Pattinson), meilleur combat (Robert Pattinson et Cam Gigandet) et plus beau baiser (Kristen Stewart et Robert Pattinson). Il a également remporté le prix de la meilleure saga et de la meilleure équipe (Kristen Stewart, Robert Pattinson et Taylor Lautner) aux People's Choice Awards.

CRITIQUES DE LA PRESSE :
« [...] *Twilight* impose son histoire d'amour "interraciale" avec une efficacité plus que redoutable. »
Fabien Menguy, *A Nous Paris*

« [...] Le film de Catherine Hardwicke joue astucieusement avec les codes du vampirisme et du film d'ados, délaissant l'horreur pour raconter la naissance d'un amour impossible... »
J. V., *Métro*

« Une obsession tourbillonante parfois enfantine qui enchantera les fans. Cette fidèle adaptation pénètre dans le sang des adolescents et sera très vraisemblablement un succès au box office. »
Will Lawrence, *Empire*

Adventureland – Un job d'été à éviter

PAYS D'ORIGINE ET ANNÉE DE SORTIE : États-Unis, 2009. RÉALISATION, SUJET ET SCÉNARIO : Greg Mottola. PRO-

duction : Sidney Kimmel Entertainment, This Is That Productions. Distribution en France : Walt Disney Pictures Italia. Décors : Stephen Beatrice. Photographie : Terry Stacey. Costumes : Melissa Toth. Montage : Anne McCabe. Durée : 107 minutes.
Interprètes et personnages : Kristen Stewart *(Em Lewin)*, Jesse Eisenberg *(James Brennan)*, Ryan Reynolds *(Mike Connell)*, Martin Starr *(Joel)*, Bill Hader *(Bobby)*, Kristen Wiig *(Paulette)*, Margarita Levieva *(Lisa P)*, Declan Baldwin *(client)*, Mary Birdsong *(Francy)*, Dan Bittner *(Pete O'Malley)*, Kevin Breznahan *(Molly Hatchet)*, Matt Bush *(Tommy Frigo)*, Caroline Collins *(mère d'Eric)*, Kimisha Renee Davis *(Kelly)*, Gennaro DiSilvio *(Nicky)*, Kelsey Ford *(Arlene)*, Michael Zegen *(Eric)*.
Trame : durant l'été 1987, James, tout juste bachelier, accepte de travailler dans un parc d'attractions. Ce n'est pas le voyage en Europe dont il rêvait mais de grandes surprises l'y attendent.

Critiques de la presse :
« Une délicieuse histoire d'amour et de formation. *Adventureland* est plus chaleureuse, plus drôle et plus vraie que les 20 ou 30 dernières de son espèce. Surtout tournée à Hollywood. »
Michael Phillips, *Chicago Tribune*

« Pour les nostalgiques. Ça vient du coeur. »
Owen Gleiberman, *Entertainment Weekly*

Twilight Chapitre 2 : Tentation

Pays d'origine et année de sortie : États-Unis, 2009. Réalisation : Chris Weitz. Scénario : Melissa Rosenberg d'après le roman de Stephenie Meyer. Producteurs : Wyck Godfrey, Mark Morgan, Bill Bannerman. Production : Imprint Entertainment, Summit Entertainment, Troy Rodriguez Productions. Distribution en France : SND. Décors : David Brisbin. Photographie : Javier Aguirresarobe. Costumes : Tish Monaghan. Musique : Alexandre Desplat (la bande sonore du film comprend les morceaux suivants : *Meet Me on the Equinox* des Death Cab for Cutie, *Friends* des Band of Skulls, *Hearing Damage* de Thom Yorke, *Possibility* de Lykke Li, *A White Demon Love Song* de The Killers, *Satellite Heart* d'Anya Marina, *I Belong to You [New Moon Remix]* de Muse, *Rosyln* de Bon Iver & St. Vincent, *Done All Wrong* de Black Rebel Motorcycle Club, *Monsters* des Hurricane Bells, *The Violet Hour* de Sea Wolf, *Shooting the Moon* d'Ok Go, *Slow Life* de Grizzly Bear, *No Sound but the Wind* des Editors, *New Moon [The Meadow*] d'Alexandre Desplat et *Nuova Luna [Ganacirra Remix]* de Rasimetto). Maquillage : Robin Mathews. Montage : Peter Lambert. Effets spéciaux : Phil Tippett. Durée : 130 minutes.

Interprètes et personnages : Kristen Stewart *(Bella Swan)*, Robert Pattinson *(Edward Cullen)*, Taylor Lautner *(Jacob Black)*, Ashley Greene *(Alice Cullen)*, Jackson Rathbone *(Jasper Hale)*, Nikki Reed *(Rosalie Hale)*, Kellan Lutz *(Emmett Cullen)*, Peter Facinelli *(Carlisle Cullen)*, Elizabeth Reaser *(Esme Cullen)*, Billy Burke *(Charlie Swan)*, Rachelle Lefè-

vre *(Victoria)*, Edi Gathegi *(Laurent)*, Dakota Fanning *(Jane)*, Michael Sheen *(Aro)*, Jamie Campbell Bower *(Caius)*, Christopher Heyerdahl *(Marcus)*, Cameron Bright *(Alec)*, Charley Bewley *(Demetri)*, Daniel Cudmore *(Felix)*, Noot Seear *(Heidi)*,Chaske Spencer *(Sam Uley)*, Alex Meraz *(Paul)*, Kiowa Gordon *(Embry Call)*, Tyson Houseman *(Quil Ateara)*, Bronson Pelletier *(Jared)*, Gil Birmingham *(Billy Black)*, Graham Greene *(Harry Clearwater)*, Tinsel Corey *(Emily Young)*, Christian Serratos *(Angela Weber)*, Michael Welch *(Mike Newton)*, Anna Kendrick *(Jessica Stanley)*, Justin Chon *(Eric Yorkie)*, Justine Wachsberger *(Gianna)*.
TRAME : crise entre Bella Swan et Edward Cullen. Convaincu de représenter un danger pour la jeune fille, le vampire la quitte. Bella tombe dans une profonde dépression dont elle sortira en partie grâce à l'amitié de Jacob Black, qui n'est autre qu'un lycanthrope. Il tombe amoureux de Bella suscitant la jalousie d'Edward. Ils deviennent ainsi les pires rivaux.
NOTE : Kristen est doublée par Noémie Orphelin.

CRITIQUES DE LA PRESSE :
« Le triangle amoureux est savoureux, mais c'est visuellement que film acquiert une nouvelle dimension... »
Talia Soghomonian, *Métro*

« Les fans sont prêts pour cette merveilleuse saga. »
Lisa Schwarzbaum, *Entertainment Weekly*

« Excellente performance très convaincante de Kristen Stewart aux teintes obscures, mais aussi des images fortes de Chris Weitz. »
Jordan Mintzer, *Variety*

Welcome to the Rileys
PAYS D'ORIGINE ET ANNÉE DE SORTIE : Grande-Bretagne/États-Unis, 2009. RÉALISATION : Jake Scott. SUJET ET SCÉNARIO : Ken Hixon. PRODUCTION : Scott Free Productions, Argonaut Pictures. DÉCORS : Happy Massee. PHOTOGRAPHIE : Christopher Soos. COSTUMES : Kim Bowen. MONTAGE : Nicolas Gaster.
INTERPRÈTES ET PERSONNAGES : Kristen Stewart *(Mallory)*, James Gandolfini *(Doug Riley)*, Melissa Leo *(Madame Riley)*.
TRAME : Mallory, prostituée et danseuse de lap dance, est accueillie chez les époux Riley, détruits par la disparition de leur fille, morte dans un accident de voiture.

CRITIQUES DE LA PRESSE :
« Le personnage de Mallory interprété par Stewart a quelque chose d'un chat qui s'étire ; elle a peu d'estime d'elle-même et est prête à perdre le peu qu'elle a. Elle ne parvient à avoir des relations avec d'autres adultes qu'au travers de la sexualité – et plus particulièrement au travers de sa disponibilité sexuelle. C'est la rage et la haine envers elle-même qui donnent vie à son corps chaque jour. »
Kirk Honeycutt, *The Hollywood Reporter*

« Sur le plan du jeu d'acteur, Stewart est sous tension pendant presque toute la durée du film, deux heures. Elle se comporte comme un chien enragé tout a fait imprévisible. On comprend pourquoi les réalisateurs voient en elle un tel potentiel. Elle est excellente… » Laremy Legel, *Film.com*

The Runaways

PAYS D'ORIGINE ET ANNÉE DE SORTIE : États-Unis, 2010. RÉALISATION ET SCÉNARIO : Floria Sigismondi. PRODUCTION : Linson Entertainment, River Road Entertainment, Road Rebel, Runaway Productions. DÉCORS : Eugenio Caballero. PHOTOGRAPHIE : Benoît Debie. COSTUMES : Carol Beadle. MAQUILLAGE : Tanya Cookingham. MONTAGE : Richard Chew. EFFETS SPÉCIAUX : Larry Fioritto. DURÉE : 109 minutes.

INTERPRÈTES ET PERSONNAGES : Kristen Stewart *(Joan Jett)*, Dakota Fanning *(Cherie Currie)*, Scout Taylor-Compton *(Lita Ford)*, Alia Shawkat *(Robin)*, Michael Shannon *(Kim Fowley)*.

TRAME : tiré du livre *Neon Angel* de la chanteuse américaine Cherie Currie, où elle raconte l'histoire de ce groupe de rock féminin depuis sa formation jusqu'au succès et enfin à sa dissolution ainsi que les moments les plus durs de la vie des rock stars.

NOTE : la bande-son comprend *Roxy Roller*, Nick Gilder ; *The Wild One*, Suzi Quatro ; *It's a Man's Man's Man's World*, MC5 ; *Rebel Rebel*, David Bowie ; *Cherry Bomb*, Dakota Fanning ; *Hollywood*, The Runaways ; *California Paradise*, Dakota Fanning ; *You Drive Me Wild*, The Runaways ; *Queens of Noise*, Dakota Fanning et Kristen Stewart; *Dead End Justice*, Kristen Stewart et Dakota Fanning ; *I Wanna Be Your Dog*, The Stooges ; *I Wanna Be Where the Boys Are (Live)*, The Runaways ; *Pretty Vacant*, Sex Pistols ; *Don't Abuse Me*, Joan Jett.

CRITIQUES DE LA PRESSE :
« Stewart avec ses cheveux noirs coupés courts et ses vêtements sombres dans le rôle de Joan Jett est la force motrice du film. Le film ne rend jamais compte de la passion musicale, ni de la technique de Jett, mais saisit bien son ambition dévorante. »
Kirk Honeycutt, *The Hollywood Reporter*

« Stewart et Fanning donnent preuve de l'impudence musicale et sexuelle et des rêves des adolescents ainsi que de leurs constantes vulnérabilités… »
David D'Arcy, *ScreenDaily.com*

Twilight Chapitre 3 : Hésitation

PAYS D'ORIGINE ET ANNÉE DE SORTIE : États-Unis, 2010. RÉALISATION : David Slade. SCÉNARIO : Melissa Rosenberg d'après le roman de Stephenie Meyer. PRODUCTEURS : Wyck Godfrey, Greg Moradian, Karen Rosenfelt, Marty Bowen, Bill Bannerman, Mark Morgan. PRODUCTION : Imprint Entertainment, Summit Entertainment. DISTRIBUTION EN FRANCE : SND. DÉCORS : Paul D. Austerberry. PHOTOGRAPHIE : Javier Aguirresarobe. COSTUMES : Tish Monaghan. MUSIQUE : Howard Shore. MAQUILLAGE : Cristina Patterson Ce-

ret. MONTAGE : Art Jones, Nancy Richardson. EFFETS SPÉCIAUX : Image Engine Design, Proof.
INTERPRÈTES ET PERSONNAGES : Kristen Stewart *(Bella Swan)*, Robert Pattinson *(Edward Cullen)*, Taylor Lautner *(Jacob Black)*, Ashley Greene *(Alice Cullen)*, Jackson Rathbone *(Jasper Hale)*, Nikki Reed *(Rosalie Hale)*, Kellan Lutz *(Emmett Cullen)*, Peter Facinelli *(Carlisle Cullen)*, Elizabeth Reaser *(Esme Cullen)*, Billy Burke *(Charlie Swan)*, Bryce Dallas Howard *(Victoria)*, Xavier Samuel *(Riley)*, Gil Birmingham *(Billy Black)*, Christian Serratos *(Angela)*, Anna Kendrick *(Jessica)*, Dakota Fanning *(Jane)*, Sarah Clarke *(Renée Dwyer)*, Jodelle Ferland *(Bree)*, Michael Welch *(Mike Newton)*, Alex Meraz *(Paul)*, Cameron Bright *(Alec)*, Catalina Sandino Moreno *(Maria)*, Jack Huston *(Royce King)*, Julia Jones *(Leah Clearwater)*, Kirsten Prout *(Lucy)*, Boo Boo Stewart *(Seth Clearwater)*, Chaske Spencer *(Sam Uley)*.
TRAME : Bella, revenue à Forks avec Edward après sa rencontre avec les Volturi, doit choisir définitivement entre Jacob et lui, sachant que sa décision pourrait déclencher une guerre entre vampires et lycanthropes. Bella est à nouveau en danger car le vampire Victoria la poursuit pour venger la mort de son compagnon, James, tué par les Cullen.

K-11

PAYS D'ORIGINE ET ANNÉE DE SORTIE : États-Unis, 2010 (actuellement en pré-production). RÉALISATION : Jules Mann-Stewart. SUJET : Jared Kurt. SCÉNARIO : Jared Kurt et Jules Mann-Stewart.

INTERPRÈTES ET PERSONNAGES : Kristen Stewart *(Butterfly)*, Kevin Smith, Nikki Reed *(Mousey)*, Jason Mewes *(David)*, Patrick Muldoon *(Hollywood)*.
TRAME : il s'agit de l'histoire d'un homme, qui est arrêté parce qu'il est soupçonné d'homicide. Il se réveille dans une unité appelée « K-11 », où sont enfermées des personnes qui représentent un danger potentiel pour elles-mêmes et pour autrui, soit des célébrités excentriques, des fous, des homosexuels, des travestis, etc. Le protagoniste va devoir identifier son rôle au sein du groupe.

Twilight Chapitre 4 : Révélation

PAYS D'ORIGINE ET ANNÉE DE SORTIE : États-Unis, 2011 (actuellement en pré-production). SCÉNARIO : Melissa Rosenberg d'après le roman de Stephenie Meyer. PRODUCTION : Summit Entertainment. DISTRIBUTION EN FRANCE : SND.
INTERPRÈTES ET PERSONNAGES : Kristen Stewart *(Bella Swan)*, Robert Pattinson *(Edward Cullen)*, Taylor Lautner *(Jacob Black)*, Ashley Greene *(Alice Cullen)*, Jackson Rathbone *(Jasper Hale)*, Nikki Reed *(Rosalie Hale)*, Kellan Lutz *(Emmett Cullen)*, Peter Facinelli *(Carlisle Cullen)*, Elizabeth Reaser *(Esme Cullen)*, Billy Burke *(Charlie Swan)*, Dakota Fanning *(Jane)*, Michael Sheen *(Aro)*, Jamie Campbell Bower *(Caius)*, Christopher Heyerdahl *(Marcus)*, Chaske Spencer *(Sam Uley)*, Anna Kendrick *(Jessica)*.

Backwoods

PAYS D'ORIGINE ET ANNÉE DE SORTIE : États-Unis, 2011 (annoncé). RÉALISATION : Bart Freundlich.

An American Girl

PAYS D'ORIGINE ET ANNÉE DE SORTIE : États-Unis, 2012 (annoncé). RÉALISATION : James Woods.

Principales nominations et prix

2003 : nomination comme meilleure actrice débutante aux Young Artist Awards, dans *Panic Room.*

2004 : nomination comme meilleure jeune actrice non protagoniste aux Young Artist Awards, dans *La Gorge du Diable.*

2005 : nomination comme meilleure jeune actrice non protagoniste aux Young Artist Awards, dans *L'autre rive.*

2008 : nomination comme meilleure jeune actrice non protagoniste aux Young Artist Awards, dans *Into the Wild.*

2009 : Prix aux MTV Movie Awards pour la meilleure interprétation féminine dans *Twilight.* Teen Choice Award comme meilleure actrice dramatique dans *Twilight.* Prix de la « meilleure actrice fantastique » pour *Twilight* aux Scream Awards. Prix de la meilleure actrice de l'année pour *Twilight* aux Digital Spy Movie Awards. Nomination pour le prix de la « meilleure performance d'ensemble » (partagée avec le reste des acteurs) pour *Adventureland*, aux Gotham Awards.

2010 : BAFTA Orange Rising Star Award, prix de l'Actrice la plus prometteuse. Prix pour le couple cinématographique préféré, partagé avec Lautner, aux Nickelodeon Kids' Choice Awards.

Kristen dans les médias et sur le Web

Articles, vidéos et sites du monde entier

Quotidiens et revues

Vous trouverez ci-dessous une sélection des articles les plus intéressants consacrés à Kristen et à ses films.

« Critique : *The Safety of Objects* », Liam Engle, *Filmdeculte.com.*

« Critique : *The Safety of Objects* », Charlotte Garson, *Les cahiers du cinéma*, n° 576.

« Critique : *The Safety of Objects* », T. B., *Studio Magazine*, n° 187.

« Critique : *The Safety of Objects* », Philippe Paumier, *Cinélive*, n° 66.

« Critique : *Panic Room* », Patrick Fabre, *Studio Magazine*, n° 177.

« *Panic Room* », Joe Morgenstern, *Wall Street Journal.*

« Film Review: *Cold Creek Manor* – And Those Silly Folks Thought the City Wasn't Safe », Stephen Holden, *The New York Times*, 19 septembre 2003.

« *Cold Creek Manor* », Kevin Thomas, *Los Angeles Times*, 19 septembre 2003.

« *Catch That Kid* », Elizabeth Weitzman, *New York Daily News.*

« *Speak* », *Efilmcritic.com.*

« Meet Kristen Stewart, actress », Henry Rome, *Timeforkids.com*, 5 février 2004.

« *Catch That Kid* », Roger Ebert, *Chicago Sun-Times*, 6 février 2004.

« Critique : *L'autre rive* », Isabelle Regnier, *Le Monde.*

« Critique : *L'autre rive* », Mia Hansen – Love, *Les cahiers du cinéma*, n° 597.

« Critique : *L'autre rive* », E. L., *L'express Mag*, n° 2792.

« Kristen Stewart », Jon Favreau, *Interview Magazine*, 2006.

« Critique : *Zathura – Une aventure spatiale* », J. W., *L'express Mag*, n° 2848.

« Critique : *Zathura – Une aventure spatiale* », Emmanuel Denis, *L'écran fantastique*, n° 262.

« Kristen Stewart interview : *The Messengers* », *MoviesOnline*, 2007.

« Critique : *Les Messagers* », Gilles Penso, *L'écran fantastique*, n° 275.

« *The Messengers* », Ronnie Scheib, *Variety*, 12 février 2007.

« *In the Land of Women* », David Ansen, *Newsweek*.

« *In the Land of Women* », Kenneth Turan, *Los Angeles Times*, 20 avril 2007.

« *Fierce People* », James Berardinelli, *ReelViews*, 2007.

« Boy Meets World & It's Odd », Kyle Smith, *New York Post*, 7 septembre 2007.

« Critique : *Into the Wild* », D. P., *Libération*, 9 janvier 2008.

« Critique : *Into the Wild* », Jérôme Vermelin, *Métro*, 9 janvier 2008.

« Critique : *Into the Wild* », Laurent Djian, *Cinélive* n° 32.

« *Twilight*: inside the first Stephenie Meyer movie », Nicole Sperling, *EW.com*, 16 juillet 2008.

« Stephenie Meyer: inside the *Twilight* saga », Karen Valby, *EW.com*, 31 juillet 2008.

« *What Just Happened* », Owen Gleiberman, *Entertainment Weekly*, 16 octobre 2008.

« Gli amanti maledetti di *Twilight* arrivano a Roma », Alessia Starace, *Movieplayer.it*, 30 octobre 2008.

« Q&A: *Twilight*'s Kristen Stewart », Kate Ahlborn, *Vanity Fair*, 5 novembre 2008.

« Kristen Stewart *Twilight* Interview », Laremy Legel, *Film.com*, 17 novembre 2008.

« Kristen Stewart: why Robert is the sexiest vampire alive », Jane Mock, *People.com*, 20 novembre 2008.

« Una romantica love story con vampiro », Alberto Castellano, *Il Mattino*, 22 novembre 2008.

« Review: *The Yellow Handkerchief* », Kevin Thomas, *Los Angeles Times*, 17 décembre 2008.

« Kristen Stewart: books, boys, and surviving *Twilight* », Alison Powell, *BlackBook Magazine*, 17 décembre 2008.

« *Twilight* », Gilles Penso, *L'Encyclopédie du Cinéma Fantastique*, 24 dicembre 2008.

« *Twilight* », Will Lawrence, *Empire.*

« Critique : *Twilight Chapitre 1 : Fascination* », Fabien Menguy, *A Nous Paris*, 5 janvier 2009.

« Critique : *Twilight Chapitre 1 : Fascination* », J. V., *Métro*, 7 janvier 2009.

« Twilight zone – Kristen Stewart's breakthrough role », *Teen Vogue*, décembre 2008/janvier 2009.

« Tough love », *Nylonmag*, 23 février 2009.

« *The Cake Eaters* », Roger Ebert, *Chicago Sun-Times*, 11 mars 2009.

« *The Cake Eaters*: You'll eat up this intelligent drama », V. A. Musetto, *New York Post*, 13 mars 2009.

« *The Cake Eaters*: One wish before dying, but plenty of obstacles », Stephen Holden, *The New York Times*, 13 mars 2009.

« Is there a "Twilight" effect in Hollywood? », Nicole Sperling et Christine Spines, *EW.com*, 27 mars 2009.

« Critique : *Panique à Hollywood* », M. Ca, *Positif*, n° 569-570.

« *Disastro a Hollywood* », Rachele Maggiolini, *Elle.it*, 17 avril 2009.

« *Adventureland* stars Jesse Eisenberg, Kristen Stewart, Ryan Reynolds », Michael Phillips, *Chicago Tribune*, 1er avril 2009.

« *Adventureland* », *Entertainment Weekly*, 3 avril 2009.

« *Eclipse* interview: Melissa Rosenberg », *Entertainment Tonight*, 5 août 2009.

« *New Moon* stars Kristen Stewart, Taylor Lautner discuss killer breakups », Larry Carroll, *MTV.com*, 25 août 2009.

« Kristen Stewart delighted she started acting career at an early age », *Celebrity-mania.com*, 26 août 2009.

« Interview with Taylor Lautner – Jacob Black in *New Moon* », Rebecca Murray, *About.com*, 2009.

« Taylor Lautner says relationship with Kristen Stewart is "wonderful" », Eric Ditzian, *MTV.com*, 10 novembre 2009.

« Robert Pattinson, Kristen Stewart reveal what makes them a good pair », Larry Carroll, *MTV.com*, 11 novembre 2009.

« Media vampires, beware », Brooks Barnes, *The New York Times*, 15 novembre 2009.

« Kristen Stewart and Robert Pattinson on *Eclipse* and *Breaking Dawn* », Mali Elfman, *ScreenCrave.com*, 16 novembre 2009.

« *The Twilight Saga: New Moon* – Taylor Lautner interview », Rob Carnevale, *IndieLondon*.

« *The Twilight Saga: New Moon* – Kristen Stewart interview », Rob Carnevale, *IndieLondon*.

« Kristen Stewart: Bella is a good role model teens », *TheImproper.com*, 2009.

« *New Moon* », Jordan Mintzer, *Variety*, 18 novembre 2009.

« Critique : *Twilight Chapitre 2 : Tentation* », Talia Soghomonian, *Métro*, 18 novembre 2009.

« *The Twilight Saga: New Moon* », Peter Travers, *Rolling Stone*, 19 novembre 2009.

« Moonlight Madness - Separating Edward and Bella in New Moon diminishes the passion and our interest », Kenneth Turan, *The Los Angeles Times*, 19 novembre 2009.

« *The Twilight Saga: New Moon* », Lisa Schwarzbaum, *Entertainment Weekly*, 24 novembre 2009.

« Robert Pattinson & Kristen Stewart's Wild Ride », *Harper's Bazaar*, 2009.

« Cherie Currie on her wild years with the Runaways », Elizabeth Day, *The Guardian*, 24 janvier 2010.

« *Welcome to the Rileys* », Kirk Honeycutt, *The Hollywood Reporter*, 24 janvier 2010.

« *The Runaways* », Kirk Honeycutt, *The Hollywood Reporter*, 25 janvier 2010.

« *The Runaways* », David D'Arcy, *ScreenDaily.com*, 26 janvier 2010.

« *Welcome to the Rileys* – Sundance Film Festival », Laremy Legel, *Film.com*, 26 janvier 2010.

« Kristen, da *New Moon* a rock star e spogliarellista », Giovanna Grassi, *Corriere della Sera*, 28 janvier 2010.

« Kristen Stewart on *Eclipse*, *K-11*, Sundance », Justine Ciarrocchi, *ScreenCrave.com*, 19 février 2010.

« R-Patz admits: I am with K-Stew », *The Sun*, 23 février 2010.

« Les plus belles images des Elle Magazine Style Awards », *Paris Match.com*, 24 février 2010.

« Ride & Seek in *The Yellow Handekerchief* », Lou Lumenick, *New York Post*, 26 février 2010.

« Kristen Stewart reacts to the *Eclipse* trailer », Todd Gilchrist, *Cinematical.com*, 11 mars 2010.

« Kristen Stewart: la mia svolta dai vampiri agli anni Settanta », Lorenzo Soria, *La Stampa.it*, 13 mars 2010.

Vidéos

www.zuguide.com/index.php#Kristen-Stewart
Une présentation d'images tirées des films interprétés par Kristen.

www.premiere.fr
Site du magazine *Première*, mensuel de cinéma français comprenant de nombreuses vidéos.

www.allocine.fr
Site consacré au cinéma proposant de nombreuses vidéos telles que des bandes d'annonce, des interviews et des apparitions en public.

www.mtv.com
Site comprenant des informations toujours mises à jour, avec des images extraites des films et des cérémonies de récompenses.

www.toutlecinema.com
Une base de données très vaste et une riche section multimédia.

SITES INTERNET, BLOGS ET FORUMS

Voici une sélection des sites, blogs et forums parmi les plus beaux et les plus complets, créés pour Kristen, pour la saga *Twilight* et pour les autres films dans lesquels elle a joué.

www.kristenstewart.com
Le site officiel de Kristen.

SITES LIÉS AUX FILMS :

www.sonypictures.net/movies/zathura
Le site officiel de *Zathura.*

www.sonypictures.com/homevideo/themessengers
Le site officiel des *Messagers.*

www.lesmessagers-lefilm.com
Le site français des *Messagers.*

www.thecakeeaters.com
Le site officiel de *The Cake Eaters.*

www.intothewild.com
Le site officiel de *Into the Wild.*

www.intothewild-lefilm.com
Le site français de *Into the Wild.*

www.intothewild.jp
Le site japonais de *Into the Wild.* Très bien fait et caractéristique.

www.whatjusthappenedfilm.com
Le site officiel de *Panique à Hollywood.*

www.twilightthemovie.com
Le site officiel de *Twilight.*

www.snd-films.com
Le site officiel du distributeur français de *Twilight.*

www.twilightgraphicnovel.com
Le site consacré à la *graphic novel.*

www.adventurelandthemovie.co.uk
Le site officiel anglais d'*Adventureland.*

www.stepheniemeyer.com
Le site officiel de Stephenie Meyer.

www.breetanner.com
Le site consacré à *The Short Second Life of Bree Tanner* de Stephenie Meyer.

www.newmoonthemovie.com
Le site officiel de *Tentation.*

www.the-twilight-saga.jp/newmoon
Le site japonais de *Tentation.*

www.summit-ent.com
Le site de Summit Entertainment.

www.newmoonvolterra.com
Tout sur les rapports entre la ville et les romans de Stephenie Meyer.

www.newmoonmontepulciano.it
Les news, les événements et une ample section

consacrée aux reprises effectuées dans la ville.

www.runawaysmovie.com
Le site officiel de *The Runaways.*

www.imdb.com
Site très spécialisé sur le monde du cinéma avec une section fantastique consacrée à Kristen.

www.eclipsethemovie.com
Le site officiel d'*Hésitation.*

SITES, BLOGS ET FORUMS EN ANGLAIS CRÉÉS PAR DES FANS :

www.twilightmoms.com
Site des adultes et des mères passionnés de *Twilight.*

www.twilightlexicon.com
Tout ce qui concerne la saga *Twilight,* y compris les caractéristiques des vampires et des loups-garous, tous les personnages et les lieux mentionnés, en plus de la correspondance avec Stephenie Meyer.

www.twilighters.org
Un des premiers sites créés par des fans.

www.twifans.com
Un site créé par des fans pour les fans.

www.twilight-quotes.com
La plus grande archive de citations de la saga, classées par livre et par personnage.

www.twilightersanonymous.com
Un site pour qui veut échanger des idées, des expériences et des nouvelles avec d'autres fans.

www.mylifeistwilight.com
Un site pour partager avec les autres sa propre passion pour la saga.

www.twilightguide.com
Un forum, une galerie photo, mais aussi des sondages et des quiz.

www.facebook.com
La page Facebook officielle.

www.bellaandedward.com
Un des sites anglais les plus importants pour les Twilighters.

www.twilightseriestheories.com
Un espace où les fans peuvent entre autres émettre des hypothèses sur la manière dont les choses vont se dérouler dans les prochains romans de Stephenie Meyer.

www.edwardandbella.net
Site Web consacré à l'histoire d'amour entre Edward et Bella, et leurs interprètes.

www.bellaedward-cullen.com
Photos, vidéos et possibilité d'échanger des idées avec d'autres fans.

www.twilightnews.co.uk
Un site où il est possible de chercher des informations sur les personnages.

www.twilightsource.com
Un site créé par un groupe d'étudiants américains.

http://twilightaustralia.net
Un site australien consacré à *Twilight.*

www.irishtwilightfans.com
Site Web créé par des Irlandais.

www.twilight20somethings.com
Pour les Twilighters âgés de 19 à 29 ans.

http://twilightindo.ning.com
Site créé par des fans indonésiens.

www.kristen-stewart.org
News, photographies et curiosités sur l'actrice.

www.kstewartsource.com
Site de fans au très vaste contenu.

www.kristenfan.net
Site mis à jour presque quotidiennement.

www.kristen-online.net
Site proposant de nombreuses vidéos.

www.k-stewart.net
Site qui suit avec attention les différents look de l'actrice.

www.kristen-s.net
Un fan club continuellement mis à jour.

www.kstewartfan.org
Un site comprenant de nombreuses images et vidéos.

www.kristenworld.net
Site d'un fan club contenant de nombreuses informations sur les films de Kristen.

SITES, BLOGS ET FORUMS EN FRANÇAIS CRÉÉS PAR DES FANS :

www.fansoftwilightsaga.com
News, photos et vidéos.

www.the-meadow.fr
Site français consacré à *Fascination.*

www.twilight-fanzone.com
Toutes les news concernant la saga de Stephenie Meyer.

www.twilighters-fascination.fr
Un site de fans pour les fans.

http://community.livejournal.com
Une communauté entièrement consacrée à *Twilight.*

http://bellaslullaby.free.fr
Un site consacré à la saga *Twilight* et à ses fabuleux acteurs.

www.sagatwilight.com
Site comprenant une rubrique intitulée « Citation de la saga » et une partie « Téléchargements ».

www.fascination-twilight.net
Informations, photos et vidéos.

http://twilighters.free.fr
News, vidéos, galerie, dossiers, résumés des livres et fiches détaillées sur les personnages de la saga.

www.twilight-film.com
Site consacré aux livres et aux films.

http://bella-forks.com
Site belge de fans.

http://twilight-central.com
Toutes les dernières news sur les films et le casting.

www.lionandlamb.fr
Source française sur Kristen et Robert.

www.kristenstewart-fan.com
Nouvelle source d'informations sur Kristen.

http://stewart-france.com
Toutes les informations et les actualités concernant la jeune actrice.

http://fascinating.kristen.free.fr
Source francophone sur Kristen.

http://twilight-france.blogspot.com
Les dernières nouvelles concernant les livres et les films.

http://citations-twilight.skyrock.com
Recueil de citations tirées des quatre livres.

http://twilightforever2.blogspot.com
L'actualité concernant les acteurs, des sondages, des vidéos, des critiques des films et des romans.

http://amoureuxdetwilight.forumtwilight.com
Des nouvelles toutes fraîches venant de la France ou de l'étranger.

http://twilight-france.1fr1.net
Forum convivial et complet.

http://twilight-addict.exprimetoi.net
Forum sur la saga.

http://la-fascination.forumdefan.com
Un forum consacré à la saga *Twilight* ainsi qu'à ses adaptations cinématographiques.

http://cullen.forumactif.net
Les livres, les films, la réalité et le coin des fans.

http://magiie-of-twilight.forums-actifs.net
L'actualité des livres, des films et des acteurs.

http://newmoon.xooit.fr
Forum sur le deuxième volet de la saga.

SITES, BLOGS ET FORUMS CONSACRÉS AUX ACTEURS DE *TWILIGHT* LIÉS À KRISTEN :

http://robert-pattinson.net
Photos, vidéos et informations mises à jour sur Robert.

www.robertpattinsononline.com
La vie et la carrière de Robert, de *Twilight* aux films précédents et successifs.

www.robertpattinsonfan.com
Site créé par des fans.

http://robertpattinson.org
Site Web en ligne depuis quatre ans.

www.teampattinson.co.uk
Site comprenant également un forum.

www.robert-pattinson.co.uk
Images, vidéos et articles pour tous les fans de Rob.

http://robert-pattinson.fansites.me
Site de fans avec des nouvelles sur les prochains projets, des photos, des vidéos et du matériel interactif.

http://robertpattinsonunlimited.com
News, médias et mises à jour par e-mail.

www.fanpop.com/spots/robert-pattinson
Comprend un vaste espace pour les commentaires des fans.

http://pattinson-central.com
Galerie, fanzone et forum.

http://robert.pattinson.free.fr
Site français sur Robert.

http://twilight-rob.forumactif.com
Forum centré sur Robert.

www.taylorlautner.com
Le site officiel de Taylor.

www.taylor-lautner.com
Tout sur Taylor. En ligne depuis trois ans.

www.fanpop.com/spots/taylor-lautner
La biographie, les photos et les vidéos les plus belles.

www.lautnerfan.com
Nouvelles, multimédias, galerie.

http://taylor-lautner.skyrock.com
News, photos et vidéos.

http://lautner-france.new.fr
Source française sur Taylor.

http://tlautner.net
Site français consacré à Taylor.

www.fanpop.com/spots/nikki-reed
Site consacré à l'interprète de Rosalie dans *Twilight*.

http://nikki-r.com
Site francophone sur Nikki.

http://twitter.com/ashleymgreene
Ashley Greene sur Twitter.

www.just-ashleygreene.fr
Source française sur Ashley.

www.hannahdakotafanning.com
Site de fans de Dakota Fanning comprenant de nombreux hyperliens.

www.dakotafanning.fr
Site français consacré à Dakota.

SITES, BLOGS ET FORUMS CONSACRÉS À KRISTEN ET À *TWILIGHT* DANS D'AUTRES PARTIES DU MONDE :

www.twilightersitalia.com
Le fan club officiel italien consacré à la saga *Twilight* et au monde de Stephenie Meyer.

www.kristenstewart.fan-club.it
Fan club italien consacré à Kristen. News, photos inédites, sondages, chat, forums, vidéos, gossip.

www.robandkristen.fan-club.it
News, images, sondages, chat, forum, vidéos et gossip sur Kristen et Robert.

www.twilight-derfilm.de
Site Web allemand consacré aux films de la saga.

www.crepusculo-es.com
Site créé pour les fans espagnols.

www.myspace.com/twilightau
Site autrichien créé pour *Twilight.*

http://twilightbalkan.board-poster.com/forum.htm
Site de fans balkanique.

http://twilightbg.com
Site pour les Twilighters bulgares.

www.forksforum.net/portal.htm
Site de fans croate.

www.thetwilightsaga.nl
Site Web hollandais.

www.twilightere.com
Site norvégien.

http://thetwilight.pl/index.html
Pour les Twilighters polonais.

http://twilightportugal.blogs.sapo.pt
Site portugais.

http://twilightrussia.ru
Site Web russe.

http://twilightsrbija.forumotion.com
Site serbe.

www.twilightsweden.se
Site suédois.

Quiz pour les plus grands fans

Savez-vous vraiment tout de Kristen ? Verifiez vos connaissances en répondant à ces dix questions.

1. Quel est son surnom ?
2. Combien mesure-t-elle ?
3. Bella mise à part, quel rôle aurait-elle aimé jouer dans la saga *Twilight* ?
4. Quel est son livre préféré ?
5. Qu'aimerait-elle étudier à l'université ?
6. Combien d'animaux a-t-elle ?
7. Avec quel acteur, qui a interprété le rôle de son père dans un thriller, passe-t-elle le jour de son anniversaire ?
8. Avec qui a-t-elle présenté la remise des Oscars en 2010 ?
9. Dans quel film porte-t-elle une perruque vu qu'elle avait dû se couper les cheveux pour un autre rôle ?
10. Pour quelle marque de voiture a-t-elle tourné un spot publicitaire ?

Réponses : 1. Kris et KStew. Robsten, quand on parle de Robert et de Kristen. 2. 1,68 mètres. 3. Alice Cullen. 4. *À l'Est d'Eden* de John Steinbeck. 5. Lettres (elle a terminé le lycée dans le privé). 6. Trois chiens et un chat. 7. Dennis Quaid, son père dans *La Gorge du Diable*. 8. Taylor Lautner. 9. *Twilight Chapitre 3 : Hésitation*. Elle les avait coupés pour le tournage de *The Runaways*. 10. Porsche.

Ma page consacrée à Kristen

*J*e la décrirais ainsi :

....
....
....
....
....
....
....
....
....

*P*armi les films et les personnages qu'elle a interprétés, ceux que j'ai préférés sont :

....
....
....
....
....
....
....
....
....

Si je pouvais la rencontrer, je lui dirais :

....
....
....
....
....
....
....
....
....

Team Edward ou Team Jacob ? Rob et Taylor : face à face

Derrière le fascinant et mystérieux vampire, Edward Cullen, et le séduisant et impétueux lycanthrope, Jacob Black, se cachent deux jeunes acteurs qui, tout comme Kristen, sont devenus avec la saga *Twilight* de véritables superstars.

Robert Thomas Pattinson est né à Londres le 13 mai 1986. Son père, Richard, importait des voitures d'époque depuis les États-Unis et sa mère, Clare, travaillait dans une agence de mannequins. Il a deux sœurs aînées : Elizabeth (Lizzy), célèbre chanteuse et compositeur, et Victoria. Il a fréquenté la Tower House et la Harrodian School. À 15 ans, il a commencé à s'intéresser au théâtre amateur au sein de la Barnes Theatre Company où il a d'abord travaillé dans les coulisses puis sur la scène. Après un petit rôle dans *Blanches colombes et vilains messieurs*, il a obtenu le rôle principal dans *Our Town* de Thornton Wilder. Il a été remarqué par un agent qui lui a conseillé de se diriger vers le théâtre professionnel. Il a participé à un spectacle de *Macbeth* de Shakespeare avec l'Old Sorting Office, une association artistique pour la promotion des jeunes talents.

Quand il était à l'école, Robert a exercé l'activité de mannequin qu'il a reprise en 2007. Il est apparu dans la campagne publicitaire de la collection d'automne de la maison Hackett.

En 2004, il a été choisi pour jouer le rôle de Rawdy Crawley, le fils de la protagoniste, Becky Sharp (interprétée par Reese Witherspoon) dans *Vanity Fair, la foire aux vanités* de Mira Nair, une adaptation du roman du XIXe siècle de William Makepeace Thackeray. Les scènes où il figure ont été coupées au montage et ne sont restées disponibles que dans la version DVD. Il a été ensuite le Prince Giselher dans *L'Anneau sacré*, un film fantastique d'Udi Edel.

2005 fut pour lui une année importante car Mike Newell, le réalisateur de *Harry Potter et la Coupe de feu* lui a attribué le rôle de Cedric Diggory, un des meilleurs élèves de Hogwarts, avec lequel le protagoniste devra lutter lors du Tournoi des Trois Sorciers. Il a ensuite fait une brève apparition dans un tout petit rôle, un flash-back, dans *L'Ordre du Phœnix*.

Avec le succès d'Harry Potter, Robert a été défini par la presse britannique comme le jeune premier du moment. L'*Evening Standard* l'a appelé « le nouveau Jude Law » et juste avant la sortie du film il a été mentionné dans la section « Almost Famous » du *Times* consacrée aux talents cinématographiques les plus prometteurs.

En 2006, il fut le protagoniste d'un téléfilm, *The*

Haunted Airman, où il interprète le rôle de Toby Jugg, un lieutenant de l'aviation, resté paralysé durant la Seconde Guerre mondiale, qui s'installe dans une résidence isolée du Pays de galles où il commence à souffrir de terribles hallucinations.

Il a ensuite tourné dans un autre téléfilm britannique, aux côtés de Catherine Tate, une comédie dramatique intitulée *The Bad Mother's Handbook*, tirée d'un roman de Kat Long et dans lequel il joue le rôle de Daniel Gale, un étudiant gauche qui tombe amoureux de la fille de la protagoniste.

Il a ensuite joué dans le film indépendant d'Oliver Irving, *How to Be*, qui raconte l'histoire d'Art, un auteur-compositeur solitaire qui ne parvient pas à percer et qui doit lutter contre les adversités de l'existence. Robert a ensuite accepté le rôle principal de *Little Ashes* de Paul Morrison, une biographie de Salvador Dalí.

C'est en 2007 que se présente la grande occasion avec le rôle d'Edward dans *Fascination*. En 2009, c'est la sortie du deuxième épisode, *Tentation* ; il est aussi choisi par l'actrice Madeleine Stowe pour jouer *Unbound Captives* dont elle est la réalisatrice. Rachel Weisz est la protagoniste principale aux côtés de Robert et de Hugh Jackman. C'est l'histoire d'une femme qui demande à un homme de l'aider car ses enfants ont été kidnappés par une tribu Comanche. La Summit Entertainment l'a également impliqué dans le projet de *Remember Me*, un film dramatique qui raconte la liaison entre Tyler Roth, le personnage de Robert, et Ally Craig (Emilie de Ravin), menacée par des tragédies familiales. La même année, Robert a de nouveau interprété le rôle d'Edward dans *Hésitation* et il a accepté aussi celui de Bel Ami, dans le roman homonyme de Guy de Maupassant (1885), aux côtés d'Uma Thurman. Il joue le rôle d'un arriviste qui manipule les femmes riches pour arriver à ses fins.

Robert est acteur, mais aussi musicien : il joue du piano et de la guitare. C'est un membre du groupe, les *Bad Girls*. Deux de ses chansons, *Never Think* et *Let Me Sign*, font partie de la bande-son de *Twilight*.

Edward Cullen (dans le nom humain était Edward Anthony Masen), ce personnage qui a rendu célèbre Robert, est un vampire qui, dans la saga littéraire de Stephenie Meyer, tombe amoureux et épouse la jeune Isabella (Bella) Swan. Celle-ci lui donne une fille qui choisira elle aussi de devenir une créature de la nuit. Il est né le 20 juin 1901 à Chicago (Illinois). En 1918, à 17 ans, il est hospitalisé pour une grippe espagnole. Pour le sauver, le médecin, un vampire du nom de Carlisle Cullen, le transforme et le fait entrer dans sa propre famille composée de sa compagne Esme et de leurs quatre enfants, tous adoptés (Rosalie Hale, Jasper Hale, Alice Cullen et Emmett Cullen). Les Cullen ont la particularité de ne pas se nourrir de sang humain mais animal et se définissent comme « végétariens ».

Comme il ne réussit pas à dormir, Edward passe

deux diplômes de médecine, durant le XXe siècle. Il aime la musique, surtout celle des années cinquante et possède une vaste collection de CD. Il joue du piano et adore les bolides.

Le vampire fréquente le lycée de Forks, dans l'État de Washington ; il y rencontre Bella dont le sang représente pour lui une tentation irrésistible. Il se rend bien vite compte d'être amoureux de la jeune fille et d'en être aimé. Il comprend toutefois que cette liaison constitue pour Bella un grave danger, alors il décide de la quitter. Les deux amoureux plongent dans une profonde dépression. Mais ils finissent par se marier et durant la lune de miel, Bella tombe enceinte. Elle donne naissance à une petite fille, Renesmee. Des complications durant la grossesse et l'accouchement mettent sa vie en péril. Pour qu'elle puisse rester en vie, Edward doit la transformer en vampire. Il pourra ainsi vivre éternellement avec Bella et leur fille.

Physiquement, Edward est évidemment très pâle. Il mesure environ un mètre quatre-vingt-dix. Les traits de son visage sont réguliers et ses cheveux ondulés ont des reflets couleur bronze. Selon qu'il est ou non en appétit, ses yeux passent de l'ambre au noir.

Il est incroyablement fascinant. Il peut lire dans les pensées d'autrui. Il ne peut ni pleurer ni dormir et ne peut avoir d'enfant qu'en s'unissant à une femme de race humaine. Il est polyglotte, agile et rapide. Sa vue est excellente même dans l'obscurité. Il ne peut pas s'exposer à la lumière du soleil et ne va donc pas à l'école par beau temps (c'est probablement la raison pour laquelle il vit dans la petite ville pluvieuse de Forks). Le dernier roman de la série, *Midnight Sun*, non encore publié, raconte la même histoire que le premier (*Fascination*), mais cette fois du point de vue d'Edward.

Taylor Daniel Lautner est né à Grand Rapids (Michigan), le 11 février 1992. Son père, Dan, est pilote d'avions et sa mère, Deborah, employée dans une société de développement informatique. Il a une sœur cadette, Makena. Ses origines sont françaises, hollandaises, allemandes et indiennes (ethnies Ottawa et Potawatomi).

Il commence dès l'âge de 6 ans à pratiquer le karaté et devient rapidement un champion mondial. À l'âge de 7 ans, son instructeur le pousse à faire un casting pour un spot publicitaire de Burger King, sans résultat. Mais Taylor a désormais connu le monde du spectacle et s'installe avec sa famille à Los Angeles.

En 2001, le réalisateur japonais Makoto Yokoyama le choisit pour le rôle du protagoniste (enfant) dans le film d'action *Shadow Fury*, aux côtés de Pat Morita, et il participe à une série télévisée intitulée *Summerland*. En 2002, il double le dessin animé *Scooby Doo*. En 2003 et 2004, il prend part au *The Bernie Mac Show* et à la série *Ma famille d'abord*.

En 2005, il devient célèbre grâce au rôle de protagoniste dans le film fantastique *Les Aventures* de *Sharkboy et Lavagirl* en 3D de Robert Rodriguez. La même année, il double le dessin animé *Duck Dodgers* et *Danny Fantôme* et joue dans le film comique *Treize à la douzaine*, avec Steve Martin, dans la sitcom *Love, Inc.* En 2006, il double le dessin animé *He's a Bully, Charlie Brown.*

En 2007, la réalisatrice Catherine Hardwicke lui confie le rôle de Jacob Black dans *Fascination*, rôle qu'il a d'ailleurs risqué de perdre dans le deuxième volet de la saga ; la production était en effet perplexe quant au fait qu'il puisse incarner les changements physiques du personnage tout au cours du roman. Grâce à un sévère entraînement qui lui a valu un gain de treize kilos de masse musculaire – à la surprise de tout son entourage – Taylor a été confirmé une nouvelle fois dans son rôle.

Il interprète, en 2008, Jack Spivey, le fils du protagoniste (Christian Slater) dans la série télévisée *My Own Worst Enemy.*

Il redevient Jacob Black en 2009 dans *Hésitation* de David Slade. En 2010, dans l'attente que cet épisode sorte en salle, Taylor a fait une apparition dans la comédie romantique *Valentine's Day* de Garry Marshall qui raconte les aventures de couples et de célibataires le jour de la Saint-Valentin. On y voit un défilé de stars comme Julia Roberts, Shirley MacLaine, Jessica Alba, Ashton Kutcher, Anne Hathaway, Jessica Biel, Jennifer Garner, Jamie Foxx et la chanteuse américaine Taylor Swift.

Sur le plan musical, il a pris part en 2008 au vidéo *Caught up in You* de la chanteuse et actrice australienne Cassi Thomson. Il avait déjà interprété le morceau *Dream Dream Dream Dream (Dream Dream)* dans *Les Aventures de Sharkboy et Lavagirl*. En 2009, il a remis, aux côtés de Shakira, le prix du meilleur clip musical féminin à Taylor Swift aux MTV Video Music Awards, et il a présenté le célèbre show *Saturday Night Live*. En 2010, il a participé avec Kristen à la cérémonie de remise des Oscars.

Jacob Black, le personnage interprété par Taylor dans la version cinématographique de la saga *Twilight*, est un adolescent d'origine indienne qui va développer le gène de sa tribu, à savoir se transformer en lycanthrope, ennemi juré des vampires. Il est né le 14 janvier 1990. Son père, Billy Black, est un ancien de la tribu des Quileute et sa mère Sarah est morte dans un accident de la route alors qu'il était tout petit. Il a deux sœurs jumelles, Rachel et Rebecca, et adore réparer les voitures et les motos.

De nombreux amis de la réserve où il habite doivent affronter la même transformation. Son père est un ami de Charlie Swan, le père de Bella, ce qui lui permet de fréquenter la jeune fille, qu'il avait connue petit, quand elle vient s'installer à Forks. L'affection qu'il éprouve pour elle va bientôt se transformer en amour.

Après avoir passé une soirée au cinéma avec Bella, son gène de lycanthrope se manifeste, ce qui le porte à avoir un comportement bizarre avec la famille Cullen et, en particulier, Edward, auquel l'oppose son amour pour Bella. À la naissance de la fille du vampire et de Bella, Renesmee, il aura avec elle un *imprinting*, c'est-à-dire la réaction involontaire des êtres qui, comme lui, subissant des mutations trouvent l'âme sœur.

Jacob est décrit dans les romans comme un adolescent (dans *Fascination*, il a 15 ans) au beau visage avec des pommettes saillantes et un menton légèrement arrondi, les yeux foncés et les cheveux noirs et brillants. La transformation physique qu'il subit le fait grandir jusqu'à mesurer deux mètres environ et atteindre la force musculaire d'un homme de 25 ans. Bella le décrit comme un garçon solaire au grand sourire communicatif, joyeux, impulsif et à la voix agréable et rauque.

Jacob peut se transformer en loup quand il veut. Mais il a dû apprendre à se contrôler car cela lui arrive dès qu'il éprouve une forte émotion comme la peur ou la colère. Quand il est loup, il est extrêmement rapide et communique par télépathie avec la meute. Il peut, comme tout lycanthrope, tuer un vampire en faisant pénétrer ses crocs dans la peau dure de celui-ci. Quand il est humain, la température de son corps monte au-delà de quarante degrés, mais la communication télépathique ne fonctionne plus. Son âge s'est arrêté à 16 ans. Il ne recommencera à grandir que quand les vampires ne représenteront plus un danger pour la réserve.

Stephenie Meyer a révélé qu'au début Jacob n'était qu'un instrument qui permettait à Bella de connaître le secret d'Edward dans *Fascination*. Mais le personnage lui a tellement plu, ainsi qu'à son agent et à son éditeur qu'elle a alors décidé de lui donner plus d'importance dans le roman suivant. Il a été, selon ses propres déclarations, le plus beau cadeau que *Tentation* lui ait fait.

Stephenie Meyer et la naissance de Bella

Stephenie Meyer (dont le nom de jeune fille est Morgan) est née à Hartford (Connecticut) le 24 décembre 1973. Elle a grandi à Phœnix (Arizona) avec ses parents, Stephen et Candy, et ses cinq frères et sœurs. En 1997, elle a obtenu une maîtrise de littérature anglaise à la Brigham Young University de Provo (Utah). Elle est mariée depuis 1994 avec Christian Meyer, surnommé « Pancho » et a trois enfants Gabe, Seth et Eli.

De confession mormone, Stephenie déclare avoir eu l'inspiration d'écrire son premier roman le 2 juin 2003 dans un rêve où elle a vu une jeune fille et un vampire à la fois amoureux d'elle et assoiffé de son sang. À partir de là, elle a écrit ce qui est maintenant le treizième chapitre du livre et en trois mois elle a terminé la saga. La réaction enthousiaste de sa sœur l'a poussée à envoyer son manuscrit à diverses agences littéraires. Writers House a répondu positivement et huit éditeurs se sont disputés les droits de la saga *Twilight*. C'est Little, Brown and Company qui les a obtenus et qui a tiré le roman en 2005 à soixante-quinze mille exemplaires. Un mois après sa sortie, il était déjà à la cinquième place parmi les best-sellers pour la jeunesse, selon le *New York Times*, puis a atteint la première place et a été traduit dans le monde entier.

Après le succès de *Fascination*, Stephenie a continué l'histoire avec *Tentation* (2006), *Hésitation* (2007) et *Révélation* (2008). S'il venait à être publié, *Midnight Sun* raconterait l'histoire du premier roman du point de vue d'Edward.

En 2007, elle a écrit un récit pour le recueil *Nuits d'enfer au paradis* et en 2008 elle a publié *Les Âmes vagabondes* (*The Host*), un roman qui a pour protagoniste Vagabonde, une âme d'une race étrangère voulant soumettre les humains, qui s'est introduite dans le corps de Melanie. Le livre s'est tout de suite retrouvé en tête du classement des best-sellers du *New York Times* où il est resté pendant vingt-six semaines d'affilée. La suite s'intitulera *The Soul* et le troisième volet peut-être *The Sneeker*.

Stephenie s'est permise une petite figuration dans la version cinématographique de *Fascination* dans la scène où Bella se trouve à table avec son père Charlie.

Isabella Marie Swan, protagoniste féminine de la saga est née le 13 septembre 1987. Charlie et Renée, ses jeunes parents, vivent à Forks (Washington). Quand la petite fille a 6 ans, sa mère quitte son père et s'installe à Phœnix (Arizona). Jusqu'à l'âge de 14 ans, Bella passe ses étés chez son père et quand Renée se remarie, Bella, alors âgée de 17 ans, décide de revenir à Forks où elle va rencontrer Edward.

C'est une jeune fille tranquille, timide, souvent maladroite. Son niveau de connaissances dépasse de loin la moyenne. Elle ne supporte pas le sang à la vue duquel elle s'évanouit.

Elle aime des auteurs comme Jane Austen, Emily Brontë et William Shakespeare et parle en dormant. Elle se lie facilement et a un excellent rapport avec ses parents. Après l'école, elle travaille dans le magasin de vêtements sportifs des parents d'un de ses amis, Mike Newton. Elle conduit un pick-up Chevy de 1953 et une moto.

Bella, à laquelle Stephenie Meyer a donné le nom qu'elle voudrait pour sa fille, est décrite par l'auteur, sur son site, comme une jeune fille à la peau très claire, aux longs cheveux châtains raides, aux grands yeux couleur chocolat, au visage en forme de cœur, au front ample, aux pommettes saillantes, au petit nez, à la mâchoire fine et au menton en pointe. Ses lèvres sont un peu trop pleines par rapport au bas de son visage et ses sourcils, plutôt droits, sont plus foncés que ses cheveux. Elle mesure environ un mètre soixante et pèse une cinquantaine de kilos. Elle a l'habitude de se ronger les ongles.

Devenue vampire, son teint s'éclaircit et ses cheveux semblent ainsi plus noirs, ses yeux plus rouges et ses lèvres plus pleines. Elle ne possède pas le pouvoir qu'a Edward de lire dans les pensées et elle est immunisée contre les tortures mentales des Volturi. Après sa transformation, elle possède une force supérieure, un extraordinaire contrôle de soi et sa maladresse disparaît. En réalité, elle possède le don de créer un bouclier mental qui la protège, elle et ceux qu'elle souhaite, contre les attaques des pouvoirs psychiques. Bouclier auquel elle renoncera à la fin de *Révélation* pour permettre à Edward de lire ses sentiments et dans ses pensées.

Dans la même collection

Martin Howden

Robert Pattinson

La biographie non autorisée
du vampire Edward Cullen de *Twilight*

Taylor Lautner

La biographie non autorisée
du lycanthrope Jacob Black de *Twilight*

Qui est le meilleur : Robert Pattinson ou Taylor Lautner ? Edward Cullen ou Jacob Black ? Pour des milliers de fans qui adorent le vampire ou le lycanthrope rivaux par amour pour Bella Swan, ou pour celles qui ne résistent pas à leur charme et ne peuvent se résoudre à choisir, voici leur biographie complète, mise à jour jusqu'à *Hésitation.*

144 pages – 6,90 €

Avec un cahier central
de 8 pages tout en couleurs